직장상사생존보고서

中层领导力

来自世界500强的中层内训课

【韩】崔秉权 姜珍求 金贤基 韩桑烨⊙著

吴苏梦⊙译

全国百佳出版社
中央编译出版社
CCTP　Central Compilation & Translation Press

图书在版编目（CIP）数据

中层领导力：来自世界 500 强的中层内训课／（韩）崔秉权等著；
吴苏梦译. - 北京：中央编译出版社,2010.7
ISBN 978-7-5117-0475-7

Ⅰ. ①中⋯　Ⅱ. ①崔⋯ ②吴⋯　Ⅲ. ①企业领导学 - 研究
Ⅳ. ①F272.91
中国版本图书馆 CIP 数据核字（2010）第 142899 号

中层领导力:来自世界 500 强的中层内训课　　[韩]崔秉权等　著

出 版 人:和　龑
责任编辑:张维军
出版发行:中央编译出版社
地　　址:北京西单西斜街 36 号(100032)
电　　话:(010)66509236　66509360(总编室)
　　　　　(010)66509361(编辑室)
　　　　　(010)66509364(发行部)
　　　　　(010)66509618(读者服务部)
网　　址:www.cctpbook.com
经　　销:全国新华书店
印　　刷:三河市文阁印刷厂
开　　本:787×1092　1/16
字　　数:150 千字
印　　张:12.75
版　　次:2010 年 10 月第 1 版第 1 次印刷
定　　价:32.00 元

目 录

　　在证券大楼林立的汝矣岛有一家小酒馆。下班时间一到，工作了一整天的上班族便三三两两地来到这里，开始他们的小聚会。话题从飙升的汇率、暴跌的股票以及房地产市场等经济话题，到演艺界丑闻，无所不包。等到酒意微醺，话题便不知不觉转移到对自己上司的评价上面。他们的评论都是什么呢？

　　"金经理真不简单！"这是赞叹；"金经理太可恶了！地府的阴差都在干嘛呢？怎么还不把那混蛋抓走？"这是苛评。也许有人会不以为然，觉得在人际交往频繁的职场中，员工对上司的称赞或指责都是正常的。然而细细听来，这些话语却都以负面评价居多：挨上司骂、被上司整、上司就是看自己不顺眼、厌倦了迎合喜怒无常的上司、疲于应对有缺陷的上司等等。

员工们之所以每周或每个月总要和同事一起喝酒、背地里说上司的坏话，是因为如果不那么做，他们义愤填膺的心情就无处宣泄。虽然他们心里也想着"再忍一忍就过去了""这事儿完了就好了"，可一旦到了忍无可忍的时候，他们就会立刻离开公司。其实准确地说，他们不是离开了"公司"，而是离开了"上司"。

上司们必须记住，一味地叱责、一个劲儿地布置工作、持续地不公平对待，好的下属肯定会离开。如果员工讨厌和自己共事的上司，那么无论公司的工资水平有多高，福利有多完善，同事关系和工作环境有多好，他们也同样会离开。这对公司来说可是一笔不小的损失。韩国的一项调查显示，约75%的员工离开公司的理由是"对上司不满"，由此可见一斑。

但现实却总是令人遗憾。尽管那些品行恶劣的上司得不到下属的拥戴，但他们却总是青云直上，获得上级的赏识。也许上司的上司也是同一种人吧？他们或许认为："老板希望看到的是上司从公司的利益出发，让下属拼命工作、创出成果，我挨下属几句骂也无所谓。"

那么，这些挨下属骂的上司就可以一边自吹"我是领导"，一边坚持"组织的生存法则从来如此"吗？这真是极度肤浅的逻辑。如今早已不再是按入职先后论资排辈的年代了。而且一般说来，公司老板不仅看重工作成果，而且也会选拔真正有才干、领导能力优秀的人担任要职。否则，即使现在已经当了上司，也多半再没有什么上升潜力了。即使让你升官，不过是对你入职以来对公司忠诚不二的回报，以及对你压榨下属得来的些许业绩的奖励罢了。最终，这种无能且恶劣的上司必定无法在组织中长存。

撰写此书的最重要原因即此，笔者的疑惑主要有以下三点：

- 为什么上司总是得不到下属的好评？
- 上司恶劣言行的本质究竟是什么？
- 如何才能成为受下属尊敬的上司？

我们试图为您解决这些疑惑，切实发挥职场"上司"们的中流砥柱作用，以提高企业的竞争力。职场上司们也要时时留心周围（下属的评论），反省自己，彻底脱胎换骨，成为受下属尊敬、为公司需要的好上司。

职场上司们在阅读众多领导力书籍时，往往当时会暗下决心努力成为受人尊敬的领导者。可是合上书本之后就会忘得一干二净，还是按照原来的老方式行事。有人称这种现象为"领导力的假象"。不过，本书编写团却有着不同的看法。我们通常接触到的谈领导力的书籍多以西方国家的企业和文化圈中发生的故事为背景，很难唤起国内读者的共鸣。因此本书选取了许多我们身边常常发生的、让大家感同身受的的事例，分十章来论述。相信在听了国内职场的员工和上司经历的真实故事后，我们更能时刻反省自己，彻底改头换面成为一个好上司。我们在每一章开始先列举了领导者必须坚决摒弃的行为，然后再告诉读者如何才能成为一个受人尊敬的上司。

希望读者朋友们在翻阅本书的同时，多回顾自己以往的行为，看自己是徒有其表，还是真正受人尊敬的上司，然后朝着好上司的目标去努力。

在编撰本书的过程中，我们虚构了坏上司和好上司的形象，其间我们时感怅惘。原因是坏上司的形象总是很容易想象，而好上司的形象却十分模糊。真希望五年、十年后再回过头看职场上司们时，浮现在我们的脑海里的只有好上司的形象。

衷心感谢为本书的编撰提供帮助的各位朋友。感谢毫无保留地将自己的研究秘诀、研究态度教给我们的 LG 经济研究院的金周享院长和李春根主任，同时还要感谢使本书顺利出版的 WisdomHouse 出版社。

2008 年 10 月初秋晚

导 言

职场上司们，还能再这样继续吗？

职场上司是否在正确地领导和组织下属？大多数上司可能会自信地宣称："我做得很好。"那么，下属们是不是也这样认为呢？遗憾的是，我们发现职场上司们对组织及下属的管理能力都不及格。"你让下属对前程充满希望了吗？""你引导下属成长和实现梦想了吗？""你慰劳过疲惫不堪的下属，体察过他们难以言说的内心吗？"身为上司，如果得不到下属的拥戴，那么很可能短短五年后就无法再在组织中立足了。

当今时代可以毫不夸张地称为"领导力的时代"。从历史的角度看，人类历史可以说是"领袖的产物"。从将印度从英国统治中解放出来的独立领袖甘地，到保护美国黑人公民权及经济权益的马丁·路德·金，还有二战中激励英国人民斗志的温斯顿·丘吉尔，杰出的领袖总是决定着国家的命运。在体育界，领导者的力量也被发挥得淋漓尽致。表现平平的队伍一旦换上好的教练就势如破竹。有学者曾对美国 NBA 球队进行过分析，发现在任用优秀教练之后，球队成绩会变得更好。

企业界也是如此，在激烈竞争中保持长盛不衰的秘诀就取决于 CEO 带领全体员工创出成果的领导能力。事实上，领导力不仅仅局限于 CEO

一人。负责基层产品、业务的中层管理者（本书中称其为"上司"）的自身"实力"和管理下属的"领导力"也是影响团队成果的重要因素。许多上司都试图提升自己，发挥优秀的领导力，为团队创出更好的成果，获得公司的认可和下属的尊敬。为此，他们每逢周末都会花时间阅读最新的领导力书籍，参加领导力专项培训。那么，目前企业的员工对上司领导的满意值又有多高呢？

上司的领导力水平为 F

2008 年年初，LG 经济研究院在就业门户网站 Job Korea 的协助下，进行了"职场人士领导力测试"问卷调查。参与问卷调查的是 20～59 岁年龄段的 843 名韩国企业员工，调查结果显示：他们对上司领导能力的满意值按百分制计算只有 44.7 分，换算为成绩等级仅为 F。由此推论，大部分企业正面临着严重的领导力缺失状况。

调查结果中有一点十分有趣，即常应用于市场领域的"再购买意向"也适用于公司领导者。在调查结果中，"你希望与现在的上司再次一起工作吗？"这一项的得分只有 39.5。具体来讲，即十人中就有六人不愿与现在的上司再次共事。

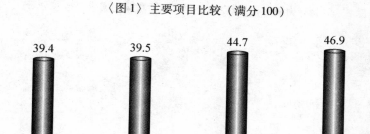

〈图1〉主要项目比较（满分100）

39.4 整体满意值

39.5 愿意与领导者再次共事

44.7 领导力满意值

46.9 顶头上司的正直程度/道德水平

领导力决定组织的正面能量

　　上司领导力的高低在很大程度上影响着下属的工作投入度和目标达成欲这些组织的正面能量。我们来对比一下领导力满意值较高的前25%名员工与满意值较低的后25%名员工的回答情况。从〈图2〉可知，满意值较高的前25%名员工在"工作满意度和投入度"这一项的得分为70.7，而满意值较低的后25%名员工这一项的得分只有38.4。同样，在"团队成果意识"一项中，满意值较高的前25%名员工得分也是达到了70.7，而满意值较低的后25%名员工得分仅31.9，还不足前者一半。

　　另外，当问及过去一年内是否考虑过辞职的"离职意向"一项中，满意值较低的后25%名员工中回答"是"的比例高达83%，而满意值较高的前25%名员工回答"是"的比例则相对较低，为51%。也就是说，对领导的不满不但会降低工作满意度和投入度，削减工作热情，最终还可能导致优秀人才的流失。而这种情况一旦发生，企业效益就必定会受到负面影响。

〈图2〉 对领导力满意值较高/较低群体间的成果因素定性比较分析

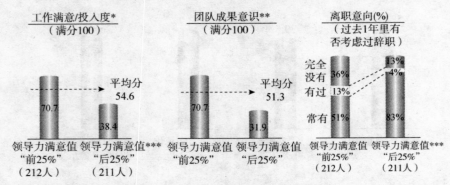

* "公司自豪感"、"工作成就感"、"对比同类企业的满意感"三项合计

** "团队对公司业绩的贡献意识"、"团队运营的效率意识"两项合计

*** 分别为领导力满意值较高的前25%名员工（平均分72.5）与满意值较低的后25%名员工（平均分14.3）

　　由此可见，上司们要想成为真正受人尊敬的领导者，还有很长的一段路要走。那么，上司在下属眼中的形象为何如此不堪呢？这样的上司又如何在组织中生存下来呢？

炒"上司"鱿鱼的员工们

　　员工辞职的理由通常是"希望拥有丰富的工作经历""公司政策规定的工资太低""没有雇佣保障"等等。即员工们是由于过分单一的工作环境以及对公司各项政策的不满而离开公司的。然而事实果真如此吗？倘若真是这样，那么是不是所有工资水平不高、没有雇佣保障的公司的员工都辞职了呢？显然并非如此。更何况，还有人在上述所有条件俱备的情况下仍然选择离开了公司。那么，应该从何处寻找员工离开公司的原因呢？我们不妨先开门见山地抛出结论，那就是：所有辞职个案的背后都与"上司"有关。前面我们已经提到，同一个组织中自己天天打交道的上司的好坏是左右许多员工做出辞职决定的重要因素。

美国博思能国际咨询公司的 HR 专家乔恩·高恩斯坦博士曾在韩国 Performance Center 举办的人力资源开发研讨会中指出："**员工离职并非是炒'公司'的鱿鱼，而是炒'上司'的鱿鱼。**"2008 年年初，艾恩斯伙伴猎头公司对国内 1178 名员工进行的调查结果也表明，有 75.6% 的被调查者因与上司的矛盾产生过离职冲动。

事实上，造成这一现象的原因是：在基层工作的员工只能根据"自己圈子"内的所见所闻得出对公司的整体印象。假设我们向员工询问"贵公司的领导层如何对待员工"这一问题，答案可能因人而异，但不论是何种答案，值得注意的一点是：该回答者在回答之前是否留心观察过公司"领导层"的行为。基层工作者是不容易见到高层领导的，充其量也不过是会议上的匆匆一瞥，或根据周边同事的议论所作的想象。既然如此，回答者又是对谁进行观察的呢？恐怕就是自己的"顶头上司（直属领导）"了。一个人最常接触到、见到、感受到的领导就是自己的上司，而这位上司的言行将直接构成该员工对公司的整体印象。

正因如此，上司这一角色才至关重要。即使是在同一家公司，也可能既有氛围良好、成果卓著的部门，也存在乌烟瘴气、业绩平平的部门，这完全取决于上司由何人担当。虽然名义上都是领导，但实质却未必相同。

失败领导者的缺陷：实力与领导力

那么，导致领导失败亦或无法得到下属尊敬的原因又是什么呢？最容易想到的原因大概就是"无能"了。职场中的很多上司都会说："这个职位可不是靠玩牌九随随便便赢来的。"的确，每一个领导者都是在经历了激烈的竞争、自身实力和业绩被认可后才当上上司的。不过必须谨记的是，领导者的职位还意味着必须付出比过去当下属时更多的努力。从更加深入地钻研知识、技术，到培养下属、更高效地领导组织，一个领导者需要学习掌握的东西是无止境的。

领导者的实力不仅是为组织创造成果的基础，还是培育杰出人才的途径。然而许多职场上司往往在经过一路过五关斩六将的奋斗之后，就满足于现状，不再尝试继续提升自己。如果缺乏领导者应有的实力却还整日虚度光阴的话，目前的职位说不定也将如昙花一现——因为下属们一定会风言风语，对这位一无是处的无能上司品头论足。所以说无能的领导者是妨碍组织成果创造和致使下属士气低迷的罪魁祸首。

因此，对于领导者来说，实力是无可取代的重要素质。不过，现实中也存在着单靠自身实力仍然不足以领导团队的情况。有的领导者固然凭着真本事做出了成绩、获得了下属的尊重，然而却在领导团队方面一团糟。摩根·迈考和迈克尔·隆巴多教授曾发表了一项名为"团队中最成功的优秀领导者与最失败的平庸领导者的差异"的研究成果，他们认为失败的领导者普遍存在以下十条中至少一条重大缺陷：

- 威胁/恐吓、激怒对方

- 傲慢、冷淡

- 背叛

- 野心勃勃，玩弄政治阴谋

- 业绩不佳

- 事必躬亲

- 缺乏组织管理能力

- 缺乏战略思考能力

- 不适应上司的工作方式

- 过分依赖拥戴者

　　仔细观察上述十条，可以发现一个有趣的事实——即"实力"和"领导力"的平衡相当重要。也就是说，带领组织的领导者既要具备战略思考能力、组织管理能力等实力，同时还须充分发挥领导才能，激发下属的工作热情，让所有成员团结在自己周围，齐心协力地工作。对下属的苦衷漠不关心、傲慢无礼、玩政治手段、把自身利益置于团队利益之上等种种行为，都会阻碍领导者作用的充分发挥，不论自身实力（工作中的洞察力、解决问题的能力等等）再怎么优秀也无济于事。

　　至此，我们把上司领导失败的原因归结为两大类：**第一类，上司无能，下属们无所适从；第二类，上司有业务能力，可是带领下属的领导能力一团糟。**换言之，我们可以认为成功上司的必备素质就是"实力"与"领导力"。然而，现实生活中却存在许多自身实力有所欠缺但却发挥着良好领导力的领导者，这种情况尤其需要引起我们重视。因为人在看重理性的同时也有感性的体验，所以自己的情绪、感受乃至工作成果也会受到对方一言一行的影响。特别是对于一天之中有 1/3 时间都在公司里与上司共处的上班族来说，工作中受到何种待遇是决定他们对公司忠诚度、眷恋度以及工作效率的重要因素。然而，由于一直以来注重逻辑与理性的管理风气大行其道，许多上司相对来说忽视感性因素，有的甚至还认为感性会导致非逻辑性思考与非理性判断，是必须抑制和避免的不良因素。但现在我们已经发现感性因素对个人和公司都会产生重大影响，所以在以后的工作中，上司们必须努力学会有效管理员工的感性因素。

美国斯坦福大学管理研究院的罗德里克·克莱默教授将坏上司分成以下几种：

- **肢体型**：大叫大嚷、施加肢体型威胁的上司；
- **情感恫吓型**：讥笑、嘲弄或故意歪曲对方言语的上司；
- **信息型**：罗列不正确或不确切事情的上司；
- **完美主义型**：订立不可能达成的目标或规定不现实的完成期限等不现实任务的上司；
- **双重人格型**：当面褒扬、背后诋毁的上司；
- **傀儡操纵型**：不亲自出面、派别人去找麻烦的上司。

你属于哪种类型呢？你的下属又是如何看你的呢？我们经常反省自问：数以万计的职场上司是空具"领导"头衔却没有起到领导应有的作用，还是真正得到下属拥戴的合格领导者？别以为现在下属对你唯命是从，就代表"你真的很好"，那很可能是出于服从组织上下级位序的考虑。换言之，千万不要忘了倘若不具备与领导职位相称的实力和人品，最终还是无法获得下属尊敬的。

如上所述，实力不足又缺乏领导才能的人在组织中固然不多久就会危机四伏，但即便上司以自身的优秀实力做出了成绩，如果因为领导力的缺陷削减了下属的工作干劲和热情，长此以往同样也会损害组织的健康。另一方面，没有能力的"老好人"上司或许可以暂时营造一种和谐、亲密的组织氛围，可是同样很难说他能真正为公司创造价值。

第一章 无能VS实力

无能上司造就低能下属

无能型： ｜ 善于说官话的上司　　｜ 不断以提问攻势刁难人的上司

｜ 善心大发后逃之夭夭的上司

｜ 热情高涨的假工作狂上司

｜ 靠人情逃避危机的上司

实力型： ｜ 绘出大纲，摸准脉络　｜ 别忙着教训，先解决问题再说

｜ 保持学无止境的心态　｜ 合理分配工作也是实力的表现

上司之所以成为上司，固然有着多种多样的的理由，但其所凭借的却未必都是自身的实力。换言之，上司不一定都有真才实学。当然有人会感叹："现在这个世道，百分之百靠真本事飞黄腾达的又能有几人？"话虽如此，但无论身在何处，只有用实力和成绩来证明他的存在价值，上司才能够在组织中生存下来。倘若让只有 20%～30% 能力的人担当重任，则必将导致严重后果。

"像他那种人怎么配坐那个位置？"但令人遗憾的是，这种无能的上司着实不少，从而使被迫与这种不学无术之徒共事的下属牢骚满腹。这种无能上司指挥工作的方式大致是这样的：

"看一看不就明白问题的所在了？要是还发现不了，就多找几个人讨论讨论，听听别人的意见，如果还不行，就多去查阅相关资料，搞清楚实际情况。在解决问题之前，先要设计好方案，预估一下各个方案都会带来哪些效果或是副作用。举例来说，这个要是这么做的话，一定会导致那个问题的出现，那么就要再找到解决那个问题的方案，而那个方案……"

以上言论乍听之下似乎还过得去，实则这种圣贤语录式的"一般性工作指示"谁都会说，没有任何实际意义，丝毫无助于下属开展工作。私底下，下属们一定会对之嗤之以鼻："像那种工作指示我也会做。我们上司就这点儿水平，也配拿那么高的薪水？真是搞不懂。"更严重的是，对于那些希望向上司请示当前工作疑难的下属来说，这种话无疑会令其大失所望，打消他们再次向这位上司请示和探讨的念头。

作为上司，应当能够区分泛泛而谈和就事论事这两种不同情况。遗憾的是现实生活中这种不分场合、泛泛其词的上司比比皆是。他们为什么要重复这些人尽皆知的陈词滥调呢？因为他们自身实力不足，缺乏发现问题、解决问题的核心知识和技能。这些无能的上司们通常有以下几种行为特征：

- 说话宽泛、空洞、不切实际；
- 工作中拈轻怕重；
- 故意表现得为重要工作奔波劳碌；
- 以为成了领导就是自身能力的证明；
- 在人际关系上挖空心思。

尽管我们可以通过上述种种征兆来判断上司是否有真才实干，但实际要从一个组织中揪出那些无能的上司并不容易。原因是这些人虽然能力不足，却个个聪明精乖。听上去似乎很矛盾，可是这所谓的"聪明"决不是指他们智慧过人，而是说他们善于为人处事、深谙组织中的生存之道。更确切地说，他们更热衷于将聪明才智用在掩饰自身的无能上，而不是用于工作本身。

这种上司时不时会做些华丽的表面文章，吹些大言不惭的牛皮，藉此蒙蔽下属或同事的眼睛，让人误以为他们是有真才实干的聪明人。既然没什么真本事，那么只好把别人的注意力转移到其他方面了。于是就有上司用名牌服装、名表、名包来包装自己，妄图掩人耳目。

不懂核心技术的上司很危险

如果自己没有能力做好，最好的办法是坦然承认（当然如果全盘承认，身为上司的你可能会觉得丢脸，那么多少适当地承认一点吧），然后和下属一起集思广益，共同完成工作。这样做，至少下属们不会说"上司没本事"，反而会赞赏"上司很尊重下属的意见，带领大家发挥了集体的创造性智慧"。可惜大多数上司并没有这样做。他们总是急于掩饰自己的无能，又贼喊捉贼似地装模作样一番，使出浑身解数混迹于组织当中。现在就让我们来拆穿这些无能上司的生存策略，看看这些行为对下属都会产生那些负面影响吧。

01. 善于说官话的上司

这是那些企图掩饰自身无能的上司们乐此不疲使用的策略之一，即使用"照本宣科"式的工作指示虚张声势，讲一通老生常谈的大道理。其实，这是一条既简单又百试不爽的高明策略。假如上司说的全是一些冠冕堂皇的基本理论，下属能说他错了吗？下面我们就一起来认识一位"基础"扎实的上司吧。

　　死角公司（一语双关，暗讽这家公司的发展遭遇瓶颈）近来遇上了发展瓶颈。公司高层意识到，仅以当前的业务规模很难谋求进一步的发展，认为有必要改变业务组合。经过几个月的思索，新业务终于确定下来。现在公司需要组建一个负责推进这一项目的专门团队。CEO 特命公司人事部经理**金基本**（一语双关，暗讽善于说官话、套话、没有真才实学的上司）研究组建方案。这可是 CEO 下达的指示！对于对组织结构设计一窍不通的金基本经理来说，可是生平大难临头的时刻。不过俗话说得好："瘦死的骆驼比马大。"金经理自有渡过危机的妙策。他先委命下属仔细研究，拟出合理方案。一周后，下属们交来了两个新产业团队的组建方案，其一是设立一个由 CEO 直属管理的组织，其二是在现有业务部门中选择一个相关度最高的部门，统管新业务团队。

　　金基本经理：（嗯……好歹得说点什么才能树立起上司的威信嘛……OK，就讲点基本的，最基础的才是最重要的嘛！）金助理，知道我为什么找你谈话吧？公司不是要拓展从未做过的新业务吗？一个新业务团队的结构应该是什么样的呢？应该有自己的独立性，是不是？当然了，也得有资金支持。（如此这般……）听明白了吧？

　　金助理：呃？啊……是啊，您说的对。不过，策划案怎么做才好呢？有没有什么需要改进或是重新设计的地方？我不太确定啊！

　　金基本经理：（咦？看来是不吃这一套啊。既然如此……）金助理，你再好好听我说一遍。我们现在不是要开展新业务吗？新业务团队必备的条件都有哪些呀？你仔细想想。还有，只交来两个提案怎么行呢？再多拟几个给我看。不多拟些方案、互相比较优缺点，怎么能找到最佳方案呢，你说是不是？

金助理：是，知道了。

金基本经理：别着急，好好想一想再做，下周拿来给我看。

（哎！总算捱过了今天，可以松一口气了。是不是该买本讲组织构建的书来看看啊？）

其实金基本经理对金助理说的这些话一句也没错，乍听起来似乎每一句都至关重要，不了解内情的旁观者说不定还会感叹："嗯，真是字字珠玑啊。"可事实上，这些话对金助理的工作一点实际帮助也没有。这些泛泛之谈只会令金助理奇怪自己的上司"做出那样的指示有什么意图。"而他始终不可能从这种疑惑中获得任何东西，因为金经理所说的全是照本宣科的理论套话。更何况，这些理论随便翻一翻教科书、搜一搜互联网就可以信手拈来，我们的金助理真正需要的却是将这些理论应用于死角公司实际状况的指导。可惜的是金经理并不具备为他提供这种指导的能力，最后只留下莫名其妙的金助理一个人继续冥思苦想。

深入思考根本性问题并没有错，可是单单考虑这些并不能推动实际工作进程。脱离现实、高度抽象的大道理只会浪费时间，于工作不会有任何帮助。本例中的金基本经理对下属做出的指示一言以概之，只不过是一句"你再去好好想想"罢了。

02. 不断以提问攻势刁难人的上司

有人说，即便是和希腊哲学家亚里士多德辩论，也有必胜的法门。

那就是在和亚里士多德谈话之间不断地插入"那又怎样?"的反问。比如可以这样说:"嗯,话是不错,但那又如何?"

这种情况主要出现在交流意见的会议中。不要以为无能的上司在开会时会一言不发,他只需在别人发表观点时不断地插问"那又如何?"这种基本问题就行了。无需多言,这种胸无点墨的上司根本没有能力在会议讨论中发表个人见解(真要是想到什么就说什么,那可就露馅了!),可是这种看似简单的"提问攻势"却能产生貌似命中靶心的效果,显得见解不凡。

假设我们以"如何进行客户关系管理(CRM)"为主题展开会议讨论(其实什么主题都无所谓,因为不管主题是什么穿插的评语都一样)。提问方式可以多种多样。他可以这样问:"客户关系管理的确重要,但许多企业都失败了,这是为什么?不就是因为没找到具体方法吗?现在讨论的问题在我看来也是一样。你来说说看,我们应该怎么做呢?"或者这样说:"任你怎么讲,客户关系管理说到底不就是要好好听取客户的需求吗?那么我们的客户都在要求些什么呢?"

类似的方法还有一种,简言之,就是摆出一副"看你怎么说服我"的态度。这是无能上司们的惯用伎俩。要他们指出下属的策划或构想中的缺陷?别抱幻想了,他们甚至连策划案都看不懂呢。

这种人往往会说:"详细说明一下!看你思考到何种程度了。"这是在变相要求下属进行详细说明。上司决不会承认自己不懂,让下属来教。他还会反复强调:"我只是随便问问,我自己当然知道得很清楚、考虑得很周详了,但毕竟要了解下属思考问题的深度啊。"

遇上更加厚颜无耻的上司,他还会添油加醋地说:"仅仅发表自己的主张是不够的,能够说服别人接受自己的主张才更加重要。我这是在为你创造机会锻炼自己啊。"总而言之,当上司对你追问不休时,他决不会承认自己不知道,反而会伪装成一副意在锻炼下属的模样,让你对他感恩戴德。

 03. 善心大发后逃之夭夭的上司

金蝉脱壳是无能的上司在遭遇危机、快要原形毕露时惯用的逃避伎俩。他们一旦不幸担上了超出本人能力范围的苦差事,往往会突发"善心",将"好处"让给别人,自己则逃之夭夭。

经营家庭式连锁餐厅的摩哥公司最近准备在人口激增的新市区开设一家分店。这一带是竞争对手尽皆垂涎三尺的地域,即使分店成功落成,开业后也将面临激烈的市场角逐。董事长对开设分店一事十分关注,相关事务很不幸地落到了**劳古董经理**(一语双关,暗讽思想陈腐、能力平平的"老古董"上司)头上。对劳经理来说,这事如果成功,固然会得到董事长的赏识,可是一旦失败,就可能面临被扫地出门的危险。

劳经理一直以来只负责低难度业务,对于在公司里滥竽充数混到现在的他来说,董事长的命令无疑是晴天霹雳。一向以"打死也不走危险的独木桥"为信条的他打定主意这次无论如何也不铤而走险。无奈下属们却个个都盼着他做出头鸟。于是,为了神不知鬼不觉地逃过这场大劫,劳经理决定采取金蝉脱壳的策略。

劳古董经理:喂,**金替身主任**(一语双关,暗讽为他人做嫁衣、替他人收拾残局的人），这次开新分店的事交给你全权负责如何？

金替身主任：啊？我？

劳古董经理：没错！这种新店开业的事情我都做厌了。况且就算做好了，我也得不到什么好处。难道董事长还能夸我？顶多不过说句"这种事你已经很有经验了，应该没什么困难"就完了。可是如果事情由金主任你这样的年轻人来完成，董事长一定会大加赞赏。这可是在董事长面前露脸的大好机会哦。

金替身主任：是吗？可我担心说起来容易、做起来难啊！我真能行么？

劳古董经理：怎么，年纪轻轻就这么缺少挑战精神？以前没做过是吧？你现在经验不足，多做一做这类工作对你会大有帮助的。我会在背后支持你，挑战一次试试看吧。

金替身主任：真的？那么我就相信经理您，全力一试。

劳古董经理：这就对了，好好干。（将来要是见势不妙，我就借口忙别的事脱身，要是进展顺利的话，最后我也可以分一杯羹嘛。）

单纯的金替身主任就这样被老奸巨猾的劳古董经理骗了。这种把苦差事偷偷丢给下属、事成之后又来居功邀赏的上司可谓屡见不鲜。

还有的上司会在辛苦开展一项新业务与接手一件即将完结的工作这两者之间选择后者。与"新瓶装新酒"一样的是"新工作交与旁人"。无能的上司们为了保全颜面，也会适当为自己辩护。比如他可能会说："现在我手头有好几份工作，没法分心做这次新开业的事，还是由你来负责吧。"

04. 热情高涨的假工作狂上司

无能上司采取的另一大策略是"决不能让下属知道我没本事"。他们故意"忽东忽西"、"胡搅蛮缠"地乱指挥一气，弄得下属们晕头转向，但在旁人看来，却是一副热情高涨、埋头苦干的架势。

辛苦公司（一语双关，暗讽这家公司强迫员工整天加班）有位传奇式的人物**金勤勤经理**（一语双关，暗讽貌似勤快，实则瞎指挥，剥夺员工业余时间的上司）。这天，金经理的部门来了一位新人。

金勤勤经理：周末没什么事吧？周六上午九点来公司加班！

新员工：啊？

金勤勤经理：啊什么？怎么了？

新员工：周末我有约会……

金勤勤经理：居然有你这样缺少工作热情的人！知道现在的市场竞争有多激烈吗？要是别人休息的时候你也休息的话，怎么能赢得激烈的竞争呢？就你现在这样子能成功吗？没有废寝忘食工作的觉悟就别在我手下干了，否则有你苦头吃的，明白吗？

（过了一会儿）

金勤勤经理所在部门的朴助理正在指导今天第一天上班的新员工。

朴助理：吓了一跳吧？我们金经理是典型的"工作狂"哦。不过似乎高层都比较喜欢这种人。董事长就常说："如果所有人都像金经理这样工作的话，我还有什么后顾之忧呢？"

新员工：噢，是吗？经理真是了不起。

朴助理：根本不是你想的那样。他其实没什么真本事，只不过以勤补拙罢了。部门业绩一年不如一年，而经理却始终没下台，老实说这也是原因之一。

新员工：干嘛要求周末和晚上都加班啊？

朴助理：那样高层才会觉得他在拼命工作，才会觉得他对公司的忠诚度很高……这叫生存智慧，明白了吗？

哥伦比亚大学教授劳伦斯·彼得和作家雷蒙德·赫尔这样形容为掩饰自身无能而废寝忘食工作的上司："**人如果升到超出自己能力范围的职位，马上就会本能地意识到。但要他自己承认这一点无疑太痛苦了，所以无能的领导者会竭力否认自己没有才干，并把原因归结为懒惰。**"

他们试图靠拼命工作来克服伴随新职位而来的困难，因此连吃午饭也神不守舍地想着工作，甚至把工作带回家做。并试图以各种办法掩饰自己的无能，要么埋头文案、显得自己工作很勤奋，要么就絮絮叨叨地重复没有意义的空话。可是这样做并不能令他们无能的事实自动消失，下属反而会因这种一无所长、偏又"鞠躬尽瘁"的上司吃尽苦头。所以说和终日忙碌的愚蠢上司共事的下属真是苦不堪言。且不说别的，单是上司下达的工作指示就可能相当混乱。

"真搞不懂上司是真的用脑子在想呢，还是想到什么就随口说什么"这种诉苦随处可闻。假若组织陷入了混乱还妄想事情进展顺利，那真是天方夜谭。

雪上加霜的是，这种上司布置完工作后往往还有一副不耐烦久等的急脾气。他们连让下属们思考的时间都不给，总是火烧眉毛似地催促成果。因为他们心中忐忑不安，虽然自己在上级面前拍胸脯担保"没问题，给我一点时间就好"，可实际上却没有那个本事，所以只好焦急万状地催逼自己的下属。相反，真正成熟干练的上司往往行动如山。他们不轻言行动，可是一旦出马，问题必定迎刃而解。

与东奔西走类似的策略还有"资料搜集病"，罹患这种病的上司也不少。他们一旦见到看上去还凑合的资料，即使和自己的业务没什么关系，也会向人要来共享。长此以往，笔记本电脑中累积下来的资料就占了好几 G 空间。而实际上那些资料他们既不会认真看，也不会仔细思考，只不过认为资料越多，就越能标榜自己的实力、智慧和经验，并以此沾沾自喜。

下属请求帮助时，这种上司最爱用的回答是："我这里恰好有相关的资料，发给你参考吧。"可是收到邮件后打开一看，资料数量是不少，真正能解决问题的却一份也没有。即便如此，这位上司还自以为已经尽到了应尽的本分了呢。

 05. 靠人情逃避危机的上司

无能的上司们会本能地意识到下属不认同或不喜欢自己。所以，他们会煞费苦心地试图与身边的人"亲密相处"。他们在以上级为核心的同时，也不忘增进与下属的感情。他们清楚地知道，对自己的愚蠢睁一只眼、闭一只眼的人固然是上级，但若下属也能好好辅助自己，那么自己也就不会显得那么窝囊了。

例如，他们会对某位爱打高尔夫球的上级说："总经理，哪天您去打高尔夫球也叫上我吧。虽然没学多久，但我也练习过很多次了。"或者对某位喜好美食的领导说："总经理，最近忙什么呢？前阵子我发现了一个超级棒的餐厅，那儿有您爱吃的豆渣汤，味道一流哦。有空一起去吧？今天午饭就去那儿吃怎么样？"

另一方面，他们又会对下属摆出一副宽宏大量的好人形象。重视人情的他们纵然下属犯了天大的错误，却仍旧碍于情面不愿指出来。这实际上就导致他们无法真正扮演好一个管理者的角色。员工之间产生冲突时，他们常常对此视而不见。或许他们的确无力弥补下属的过失、没有化解矛盾的能力，但相较之下，他们内心深处其实是担心自己干预后事情仍得不到妥善解决，这样一来下属很可能转而会反感自己。在这种上司手下工作的员工休想从自己上司那里得到任何庇护。

 ## 缺乏实力的话，就培养坚实的后盾吧

面对无能的上司，下属们往往很难袖手旁观。抛开业务能力不谈，这些无能上司之中不乏人品足以登上"我愿与之共事的上司"排行榜No. 1 的好人，许多下属乐意与之私交。在以结果为导向的组织中，眼看着上司因为能力不足忙得焦头烂额，下属们也会寄予同情。况且，做下属的去指责上司无能多少也有些难以启齿。焉知五年、十年后，自己会不会也面临和今天的上司同样的处境呢？

可是，为什么我们仍然要说"无能"是上司必须坚决摒弃的不良因子呢？因为无能只会令自己自怨自艾。一旦出现问题，掩饰无能的言行就会变成向下属转嫁责任的行为。这是牺牲他人以掩盖自己过失与无能的策略。在总是将自己的过失转嫁给下属的上司手下工作，下属们容易采取防御性的工作态度，最终他们的工作热情会因为上司的无能而逐渐消减。那么遇到这种情况，上司们该怎么办呢？

 01. 绘出大纲，摸准脉络

成语"囊中之锥"是指把锥子放在口袋里，锐利的一端自然会穿透口袋伸出来。同样，有真才实干的人即使不高调声张，他的优秀也会自然而然地广为人知。

所谓领导者，顾名思义就是前面提到的"带领"之人，即必须做好领路人。领导者实力的第一要素当然就是指明道路。小到一份策划书的整体脉络，大到一个企业的业务方向，规模虽有大小之差，本质却完全相同。也就是说，真正有能力的上司必须拥有全局视野，同时，他还能够明确指出当前应该集中解决什么问题。凭真本事带领团队的上司有如下这些行为：

- 准确绘出大纲，指明问题的本质及解决方向；
- 不断接受和学习新知识；
- 提出激发下属学习意识的问题；
- 当好下属的庇护伞；
- 出现问题时，首先考虑如何解决，而不是责备训斥；
- 不急功近利，不沾沾自喜。

IT 解决方案公司的金经理正在研究要提交给客户公司的客户管理系统改善方案。由于客户规定的时间比较紧，项目负责人金助理在公司标准提案书的基础上稍作修改就交来了，报告中错别字随处可见。

金经理：我看了看提案，该有的内容似乎都有了。但有一个问题，对方公司为什么要更换现在的客户管理系统呢？

金助理：上次和客户面谈时也问过了，似乎没有什么特别的理由。

金经理：什么问题都没有就要换，这怎么可能？肯定有什么理由啊。

金助理：一般来说，更换 IT 系统的原因要么是觉得系统落伍了，要么就是嫌成本太高了。

金经理：我们现在的方案是从 A 到 Z 全部换过。这样一来，成本必然会上升，万一对方的要求是节约成本，那就不合适了。从对方公司的财政状况看来，我认为他们也不是为了节约成本才要换的。

金助理：经您这么一说，好像的确如此。

金经理：你刚才说另一个常见原因是系统落伍，这话是不错，可是目前的系统是什么时候投入使用的呢？

金助理：听说是两年前开始使用的。

金经理：要说落伍，时间也不怎么长啊。无论如何，我觉得不像是因为这些常见因素才要更换的。你先弄清楚客户公司到底为什么要换系统。我想他们是不是为了提高客户管理水平？如果我的推测正确的话，我们交给对方的提案就不应该以现在这种从头到尾更换的形式制作，而是对原来的系统加以更切实的保障。你再围绕这个中心仔细思考一下。另外还要突出我们的提案不同于其他公司的内容，这一次就以客户管理水平升级为重点吧。

像上面这种情况，如果遇上没有真本事的领导，多半就要一边研究报告一边挑错字了。越是无能的上司就越看不到全局，一味在细枝末节上纠缠不休。有些机灵的下属一般会在报告里故意留下三四页篇幅的错别字，因为上司如果挑不到刺儿，讨论是不会结束的。有实力的领导在对错别字这种细节问题指指点点之前，会先设法抓住报告的中心思想，然后就像上面的金经理一样，告诉下属什么才是最重要的。诸如"无条件重新想过"此类毫无指向性的废话他一句都不会说，相反他会把自己经过思考得出的结论明确地传达给下属，让他们明白问题的核心。

 02. 别忙着教训，先解决问题再说

无能的上司遭遇突发事件时，会立刻叫来犯了错的下属，冲他大叫大嚷："怎么会搞成这样？是哪里出了错？"这个倒霉蛋下属要么干脆来个哑巴吃黄连一声不吭，要么就老老实实地回答上司的问题，解释事情是怎么"搞成这样"的，同时绞尽脑汁为自己开脱。然而这种回应方式往往令上司更加火冒三丈，因为上司冲口而出的"为什么"并非是真想弄清事情的原委，只不过是在怒火中烧、难以抑制之际劈头盖脸地发一顿脾气罢了。耳听着上司大呼小叫，下属们往往暗中抱怨："都已经是泼出去的水了，你还想要我怎么样啊？"

与此相反，精明能干的上司会先考虑如何收拾残局。当然，有时为了解决问题也需要知道事情的来龙去脉，但其目的决不是为了要追究责任。

03. 保持学无止境的心态

"切磋琢磨"是指做事尽心竭力做到最好。虽是老生常谈，但想要在当今社会立足，的确需要坚持不懈地学习。这个词应该铭刻在每位上司的心中。因为已经掌握的知识不多久就会变得陈腐过时，而且职位升得越高，涉及的领域就越广，如果不坚持学习，虽说已经掌握的知识总量不会减少，但总体实力却会相应减弱。我们来听一听下面这段访谈：

顾问：您也担任过多种不同的职务了。虽然接触新领域之初多少会有些生疏，但下面的人都众口称赞组长您专业知识丰富呢。请问您在如此多的领域都能展现超凡实力的秘诀是什么呢？

艾学习组长（一语双关，意指这位组长不断坚持学习）：知道我每到一个新领域后最先做的事情是什么吗？是去买有关这个领域的书来看。以前我是做工程设计的，后来才调到市场部来。当时我一个技术狂懂什么市场啊？一开会，什么"客户群体"、"目标市场选择"，人家说的话我一句都听不明白。所以就去买了几本讲市场的书来看。看了三四遍之后，总算能听懂别人在说些什么，呵呵……当时觉得自己还可以了，没想到后来发现还是不行。之后没多久，我和一个大学教授一起做项目，他又是张口"卡方"、闭口"卡方"的，我自然又是不懂，于是赶紧又去买了几本统计方面的书。看过之后，虽说不能真的去做数据统计，但总算能明白那位教授在说些什么了，还能时不时在旁边插上一两句呢……就是这样，一有不懂的就马上买几本相关的书来看。不过当上组长之后时间太紧，渐渐地也就没工夫那么做了。现在我会尽量找删节本来看，节省时间。

 04. 合理分配工作也是实力的表现

被评为韩国最受尊敬的管理者的安哲洙曾说过：**"如今，像莱昂纳多、达·芬奇那样凭个人才能成就一切的时代已经过去，各个领域的专家齐心协力成就大事的新时代已经到来。"** 不论领导者个人能力有多强，也不可能在所有领域都出类拔萃。那么，应该如何弥补自己的不足呢？

这个问题其实比你想象的简单。方法就是：**第一，接受别人的帮助；第二，交给擅长的人去做。** 上司要做的就是创造条件，发掘有用人才，让他们为你代劳。这样上司的业绩自然就节节攀升了。

在日益纷繁复杂的社会中，上司必须要有发掘"谁擅长做这件事"的眼光，清楚"要使他的能力得到充分发挥，我还需要做些什么"，而不是"一个人干完所有事情"。这才是上司的真正实力。承认自己力不从心并鼓励有能力的下属去做并不代表自己无能，恰恰相反，这是能够意识到并且超越自己局限的真正领袖素质。"人才管理"专家杰弗瑞·菲佛教授和罗伯特·萨顿教授曾这样建议：**"如果你对事情的了解程度还不如下属深，那么除非你想从他们那儿学点什么，否则就站在一旁，袖手旁观吧！"**

第二章 怀疑 vs 信任

「监工」上司造就爱搞小动作的下属

怀疑型： | 四处巡察的上司　　　　 | 不相信下属能力的上司

　　　　　 | "就是看你不顺眼"的上司

　　　　　 | 言行不一的上司

信任型： | 给下属主导工作的机会　 | 别把下属变成失败者

　　　　　 | 懂得适时进退

怀疑就是"不信任对方"。要探讨上司不信任下属的话题，首先要谈谈什么是信任。信任就是"相信对方"，人们为什么相信对方呢？管理学家克莱默和泰勒在《组织中的信任》一书中指出，信任的源泉有三：

首先是寻求交换平衡的**"计算型信任"**；其二是以能够分享必需或重要知识信息的实力为基础的**"知识型信任"**；最后一种是在兴趣爱好等情感层面对彼此有好感时产生的**"认同型信任"**。

始于利害关系的计算型信任只要置于商业交易或缔结和约的过程中，就很容易理解。在商业交易中，如果己方给予了彼方一定利益，彼方就应相应地回报给己方同等程度的利益，当双方利益均等时，就产生信任。这时倘若任何一方预见到自己将会蒙受损失，就不会再继续相信对方。这同"实力"亦或"好感"是两码事，纯粹是商业交易关系。

第二种情况，人们会在对方"实力"不凡的前提下相信对方。假如每次向某个下属布置工作后，他都处理得干净利落，上司就会相信以后无论交给他什么工作（非常重要的工作），他都会以自己预期的水准完成。这和体育比赛中拥有顶尖技术实力的选手在危机时刻发出决定性一击的道理相同。因此，下属具备的优秀实力就成为承担重任的理由。

最后一种是在长期的人际交往中自然形成的"心照不宣"的信任。"他都和我共事10多年了，总不会背后捅我一刀吧？"这种信任就是其中的典型。像这种情况，即使下属没什么实力，但上司往往出于觉得他"人品还不错""就相信他一次"的心理，便对这位下属给予了信任。

这三种信任中，无法断言哪一种信任更好。因组织的情况和上司的特点而异。比如在对专业性要求极高的组织中，以实力为基础的信任可能就非常重要。因为分配工作时一旦感情用事，就可能导致上百亿的损失，所以必须抑制这种倾向。相反在注重团队协作的组织中，就很难过于依赖员工的个人实力。此时培养上下级之间和同事之间的牢固感情和融洽关系比提高团队成绩更重要。

彼此不信任的关系总令人不安

以自我肯定成功学闻名的诺曼·文森特·皮尔在他的《只要敢想你就行》一书中说："相信自己能做到，你将无所不能。"对某个人的信任——亦即对方对自己的信任是自信心的原动力。只有这样，人际交往中的相互信任才能成为散发正面能量、形成和维持更融洽关系的基础。这也是许多管理学家在企业管理研究中都相当关注相互信赖的重要性的原因——因为企业间成功的合作关系、双赢的劳资关系的根基都是信任。上司对下属员工的领导也不例外。

无论上司对下属是何种信任，都能够激发下属的工作信心和热情。

培养信任关系需要花费许多时间和精力，但也有一朝即毁的可能。倘若上司或下属中的一方违反了重要条款，亦或阳奉阴违、两面三刀，那么就很难期望彼此间的信任能够继续维持。

那么上下级之间信任关系破裂、不再互信的原因又是什么呢？原因固然很多，但多以先入为主的成见和错误认识为主。由此引发的不信任关系极有可能发展成无意义的误会和不必要的冷战，很难轻易恢复。尽管下属不信任上司的情况也时有发生，但这里我们只讨论上司不信任下属的情况。

 01. 四处巡察的上司

如果上司不信任下属，下属基本上就永无出头之日。如果是上司出于信任委派的任务，下属一定会兴高采烈地去执行，但如果是在上司怀疑的目光下接到的任务，下属就会有一种"被监视""不被上司认可"的感觉，亦或"我是不是做错了什么？"的担忧，从而无法集中精力工作。来回巡察监视下属的上司会严重影响到下属的工作效率。不仅工作上如此，有的上司在情感上也不信任下属。总是抱着"对他再好也没用，到头来还是会在背后骂我"这种心态。不信任下属的上司行为如下：

- 无法爽快地委派任务，总要犹豫不决；
- 即使委派了任务，也总是频频（一天一次、或早中晚各一次）检查进展情况；
- 为了检验自己不在场时，有没有人说自己坏话而经常故意出现在下属们聚会的地方；

● 时刻巡察下属有无偷懒不工作。

上下级间的这种不信任关系长此以往地继续下去，下属将会对上司失去信任感。他们心中会萌生逆反心理和怀疑感："上司都不信任我，我又何必去信任上司？难道他真能对我说话算话？还不是需要的时候利用我，完事之后就把我一脚踹开？"

 02. 不相信下属能力的上司

● "只需做完那些就行了，反正不合我意……"
● "即使是再小的事情，也要经过我的许可才能做……"
● "我要是不在一旁看着就不放心。"
● "那些非你能力所及，只做到这种程度就可以了。"

以上是不相信下属"实力"的上司常说的话。只要是有一定工作经历的下属，大概多少都听到过一两次。每当下属向上司请示想要加快工作进度或者追加新任务时，满腹疑虑的上司就会说这样的话，甚至还叱责下属没事找事、制造麻烦。听惯这种话的下属很可能就会变成被动接受任务的员工，不再积极主动地找事做了。这也是为什么"别想着出风头，安安静静地把该干的干完就好，至少不会挨骂"这句话成为金玉良言的原因了。我们来听听在组织中不被信任的下属们是如何说的：

"所有人都看着上司的眼色行事。在上司正式下达指示之前，没有人可以行动，也没有人想去行动。大家都没有自己去创造点什么的欲望，只是被动地接受上司的安排，以为和上司步调一致就能成功，安于依着上司定下来的套路工作。"

"尽管上司们都嚷嚷着要下属积极发表意见，但大多不过是嘴上说说罢了，实际决策全由上司来做。因为他们不相信下属的意见是对的，结果我们这些实际工作者完全丧失了主导权和决定权。反反复复总是这样，后来我们就觉得：'反正决定是由上头来做的，我自己要那么十全十美干嘛？'往往敷衍了事就算了。"

上司认为如果让不够专业的下属放手开展工作，一旦出现过失，责任全要担在自己头上，因此尽可能地希望下属只完成自己布置的任务。如果下属主动承担了工作却没有办好，他们就大加斥责："自己分内的事都做不好，还要管别人的闲事。"可是不要忘了，这句话一旦出口，就会成为浇灭下属积极工作欲望的罪魁祸首。

如果下属的实力都比上司优秀，那还要上司做什么？上司本就有责任培养下属，如果只因不相信他们的实力就连工作都不敢交托，那还怎么培育人才呢？纵然下属的实力稍显不足，但只要在不足之中发现其潜力所在，他们的实力就会像滚雪球一般一天天增长，作为上司的你可千万不要忘记自己这个本分。不放心也好，不满意也罢，请你先充满信心地对下属说："我相信你！"这才是最有效的方法。心理学中不是有"自我实现预言吗？"哪怕只表扬一句"做得好"，下属的工作热情也会提高。如果始终得不到上司的信任，那么就连其潜在的能力也会被抹杀。

 03. "就是看你不顺眼"的上司

有的上司不信任下属并不是因为下属实力不足，纯粹是因为情感因素。就像有的人无缘无故就讨人厌，有的人没什么原因就招人喜欢一样，上司也可能会在感情上觉得某人和自己很像，就产生"这个人我信得过"的认同感和安全感，相反有时候会模糊地意识到某人让自己不舒服，就马上变得疑虑重重。出现这种情况大多源于上司和下属的兴趣爱好差异。

"只要看两眼就讨厌……""你做什么我都看不惯……"这种现象多由于成见、固定观念，或不对胃口的不舒服感而起。这种依上司喜好而异的"好"与"不好"的现象有很多，典型的是某些下属常常觉得"我说什么都错，别人一说都对"。探讨同样一件事情，如果是自己喜欢的下属发表意见，某些上司就会赞不绝口："构想不错！""和我想的完全一样。""很好，看来你已经深思熟虑过了。"相反自己不喜欢的下属发言时，他们的反应则截然相反："这个嘛……好像不对吧？""没听懂你在说什么。""（装作没听见）没有其他意见了吗？"

上司如此行事，下属又该作何感想？他们会觉得"反正我说什么你也不会听的"，于是采取一言不发的消极工作态度。请各位上司反省一下，同样一件事情如果由上级领导或者喜欢的下属说出来，你是不是就觉得是"正确答案"，反之则是"错误答案"呢？

这种情感表现将导致两方面后果：**一是导致下属的潜能过早夭折；二是上司在工作中客观判断能力的丧失。**上司不是孩子王，不能在组织里拉帮结派。如果你真的没来由地讨厌某个人，请谨记这不是什么好现象。

04. 言行不一的上司

上司对下属不信任，反过来，上司的不恰当行为也会导致下属对上司的不信任。典型的情况就是下属出于对上司的信任做了某件事或说了某句话，到头来却发现自己被利用，被上司在背后捅了一刀。在这种情况下，下属心理上就会陷入恐慌，在感情上完全丧失对上司的信任。

某上司要求下属在自己犯错的时候毫不留情地指出来，并告诉下属："我只相信你一个，你就实话实说吧。"下属于是直言不讳地说出了自己的想法，可是上司的态度却突然来了个180度的大转弯。"这小子原来一直这么想我的啊，真是知人知面不知心，看来以后不能再信任他了。"继而事后报复。

背信公司（一语双关，暗讽这家公司不遵守对员工的承诺常常失信于员工）的金经理近来脸色阴沉。在上周的上司评估结果中自己排名倒数第一。下属们对金经理的一致评价是刚愎自用、不关心员工、工作狂。金经理明白问题出在自己的领导方式上，于是下定决心明年无论如何也要达到中等水平，他叫来最了解自己、一直和自己同甘共苦的李助理，问他该如何改进。

金经理：李助理，这次我的领导力评估成绩不大好。再这么下去，只怕过个两三年我这位置就坐不稳了。你告诉我，我哪些地方做得不好，应该从哪方面改进？

李助理：这个嘛……我怎么会知道呢？就算知道，又怎么好在经理您面前说出口呢？

金经理：拜托了，给我点建议吧。

李助理这才放心："好吧，您现在总算也意识到了。"于是打开话匣子，一一告诉金经理下属们的期望、以及金经理平时的言行应该作何改变。金经理对这些建议表示十分满意，李助理也认为自己做了一件很有意义的事。然而几天后，李助理的美梦就破灭了。一次聚餐，喝得大醉的金经理露出了真面目：

金经理：李助理，你平时对我很不满吧？上次给我提建议的时候真是滔滔不绝啊！压抑了很久吧？干嘛一直忍着啊？看我不顺眼就走人啊？

李助理：不……不是那样的……

金经理：你和几个助理都很熟吧？你一直向他们发我的牢骚，难怪他们在评估的时候给我打这么低的分！你就是这样在经理和下属之间挑拨离间的吗？

李助理对自己竟一度信任金经理的愚蠢举动真是后悔莫及。打定主意从今往后再也不管上司的是非。

与下属失去感情上信赖的上司往往会更加焦虑，常想："我刚才说得有些过了，他应该没事吧？"同时也会很痛苦，总会带有"他还会真心喜欢我这个上司吗？""他不会说我的坏话吧？"这种顾虑。而问题的症结则在于上司与下属之间信任感的丧失。

 ## 下属在上司的信任中成长

为什么上司们不能信任下属、把工作交给他们去做呢？世界著名管理学家杰弗瑞·菲佛教授和团队心理学家麦克利兰的**"成为领导者之后，必须掌握和控制住整个组织"**说法对此有一定影响。抱着这种想法的上司认为给下属安排工作就意味着削弱自己对组织的控制力，所以不肯轻易把工作完全交托给下属。这种对权力的执迷源自上司们信奉的三种错误观念：

第一种观念是组织规模越大，权限就必须越多。小型组织的领导者成为大型组织的领导者之后，往往认为自己的权限应在当前基础上扩大。但其实这是错误的观念。在高效运作的组织中，权限大小与组织规模并不成正比，若有差别，也只存在权限水平上的差别。好比中层管理者拥有正确而完善地处理具体业务的权限，高层管理者则必须拥有展望未来、预测变化、把握机遇的权限。这些差异是水平上的差异，而非量上的差异。

第二种观念是认为"命令"和"统治"就是上司存在的理由。认为下属做的每一件事都必须在自己的指令和控制下进行，只有这样，上司的作用才能充分发挥。这同样是错误的观念。如果上司过多地干预和控制下属的工作，就会占用大量的时间，从而疏忽了上司的本来职责。

第三种错误观念是认为只有上司经手的工作，成果才会好，只有上司事事指示、节节把关，工作才会顺利开展。在某种程度上来说的确如此。由工作经验更丰富的上司将技术、诀窍传授给下属，工作完成的质量可能确实会更高。然而现实中上司的介入却很少带来崭新的创意，他们往往将自己以往的经验和习惯重新带入到新工作中。下属的与上司以往成功经验不相符的新构想被直接扼杀在摇篮里的情况也屡见不鲜。上司干预之后的工作成效究竟会更好还是更坏，实在很难预料。

如果上司无法信任下属，不仅组织内部人情冷淡，工作成效也会不佳。在当今的知识经济时代，许多工作都需要创意和革新。如果上司能够相信下属，鼓励他们"虽然不容易但你一定行"，增强他们的自信心，下属们一定会更有工作热情、更加渴望成功。相反如果布置工作时顾虑重重："以你的水平能行吗？不会有问题吗？你没做过这类工作啊！"如此的不信任一定会导致下属热情退却、创意枯竭。而这样对待下属的结果将会如何？——以后谁也不会再做出创造性的提议，谁都会只挑那些上司无可置喙的简单工作去做。

01. 给下属主导工作的机会

自信是激起挑战欲望的重要手段。但"过犹不及"，自信心如果太强，就极有可能变成自满，继而导致悖离实际的决策或有勇无谋的挑战。上司与其陶醉于骄傲自满、唯我独尊，还不如定下一个"应该重点处理哪些事"的目标，然后主次分明地进行管理。

美国富国银行的 CEO 理查德·柯瓦希维奇曾说过："我能做的事情不过是向股东和客户演讲、以及和员工们握手而已。"意思是说上司掌控一切和统领一切还不如重点指导某些核心工作更有成效。监管过度的领导机制会剥夺下属独立制定计划、主导工作的机会。记住，**上司过多干预琐碎事务的行为不但会增大下属的压力，还会妨碍他们通过工作来提高自己的学习能力。**

因此，向下属安排工作要以"信任"为前提。许多规定和惯例是为了运作效率的提高以及管理的便利性制定的，上司在指挥工作时如果墨守成规、令下属们束手束脚的话，他们就只能遵照上司的指示按部就班地执行，从而无法自己开动脑筋工作。被誉为最佳客户服务百货公司的诺德斯特姆就采用了"最小化"的方法执行各项营业规章制度，使得营业员服务顾客的水平显著提高。他们坚信如果固守繁冗而耗时的程序、事事请示领导的话，商场的营业员就无法为顾客提供快捷而优质的服务。

前总裁詹姆斯·诺德斯特姆就曾说："如果公司过分强调规章制度，员工遇到问题就只能频频对顾客解释'这不符合公司规定'。正因为此我才这样不喜欢规则。"他经营公司只有一个原则，那就是"如果事情与顾客有关，就按照你认为最佳的解决方案去处理"。虽然这条简单规定稍有不慎就可能导致权限滥用，但诺德斯特姆认为这种风险只不过是为达到"最佳服务"目的甘愿做出的小小牺牲而已。

"如果不信任员工、总是制定各式各样的规章制度加以约束，就不要愚蠢地期待员工们会全心全意努力工作了。"管理学家汤姆·彼得斯的这句话值得我们反复琢磨。

02. 别把下属变成失败者

"不是失败，是在学习克服失败的方法。"当下属办事不利的时候，上司真该好好想想这句话。没必要非把下属都变成失败者，只要他不重复同样的错误就够了。越是强调他的失败，他就越容易逃避承担风险大的、富有挑战性的工作。"

盯着失败不放的上司一定要从根本上转变自己的视角。当下属失败时，与其对之厉声呵斥，不如换一种方式，让他们从失败中学习，鼓励他们再接再厉。前不久，负责谷歌广告系统的副董事长谢乐尔·桑德伯格就犯了一个错误，导致谷歌损失数百万美元。当她向董事长拉里·佩奇辞职时，没想到佩奇却高度评价她的挑战精神，并对她说道："我很高兴你犯了这样的错误，我希望我们的公司是一个不断创新的公司，哪怕失败了也要不断地挑战新事物。假如要求你们永远不犯错误，谷歌就会沦为一个保守的公司。"

 03. 懂得适时进退

多数上司喜欢直接插手干预下属的工作。他们总以为自己管辖的员工越多，或者工作量越大，在组织中的影响力就越大。领导五名员工的上司比不上领导二十多名员工的上司，负责一个项目的上司没有统管两三个项目的上司获得的认可多，而且不如他们有"实权"。因此，这种上司总想尽可能向外界展示自己领导的人数之众、负责的项目之多，甚至连下属手上那些根本不用他们插手的小事也要纳入自己的管辖范围。

这种上司认为只有自己直接干预的工作才会进展顺利。他们把管理下属、介入他们的工作当作正确的领导方式。不错，上司的确应该为下属指明正确的方向，并适当进行指导，但如果对进展顺利的工作也啰嗦不休的话，反而会拖延进程，甚至会让下属丧失方向感。

杰弗瑞·菲佛教授做过一个检验"领导者能力是否重要"的实验，他将被试分成三组，各组分别虚拟制定一份斯沃琪手表的广告企划案，但三组的实验条件各不相同。A组组长最后才能见到组员完成的最终企划案，中间不得插手干预；B组组长虽然可以随时了解企划案的进展，但不能直接对组员进行指示。C组组长不仅可以了解企划案的进展情况，而且可以根据组员的需要给予修改反馈，但他的反馈实际上并不会传达给组员。毋庸置疑，最后A、B、C三组的广告企划案完全相同。

但C组组长却给自己组的最终企划案打了最高分，对自己组长角色满意度也给了最高分。虽然 C 组组长的反馈并没有真的传达给组员，单单是这份他自以为干预过组员工作的心理，就使得他对组员的工作成果以及自己扮演的角色感到满意。

杰弗瑞·菲佛教授说过："最好的领导者虽然负责指导工作和带领团队，但下属们却意识不到他的存在。"他们非常清楚地知道什么时候应该介入下属的工作，什么时候应该袖手旁观，懂得维持两者之间的平衡。事必躬亲的思想是不现实的，也非常危险。

为了确保适时进退，上司在介入下属工作之前，应该首先问自己："他们需要我插手吗?"如果插手下属工作的行为会阻碍工作进展，就没必要去进行。上司应该袖手旁观的情况有：**一．并非以新领域培训为目的的指导/监督；二．对工作的了解不及下属多；三．分组开展创造性活动等等**。以上三种之中，尤以开展创造性工作时最需要上司退避三舍、耐心等待结果。

第三章 独断专行 vs 洗耳恭听

独裁上司造就盲从下属

独断型：| 坚持"按我说的做"的上司　　| 打着沟通旗号说教的上司

　　　　| 先下结论再商讨的上司　　　| 把异议当挑战的上司

　　　　| "我自己想好了就行"的上司

　　　　| 高深莫测的上司

倾听性：| 练习主动攀谈

　　　　| 打消"多管闲事"的念头　　| 广开言路

领袖气质被认为是引领组织的领导者必须具备的素质。其来源于希腊语"kharisma",本义为恩宠、恩惠或礼物,在早期的基督用语中,它指上帝赋予人类的特殊能力,尤指救助人类的异禀或预言能力。Charisma 一词因此也被援引到企业组织领域,意指"驾驭下属的无形力量"。在拥有领袖气质的领导者的带领下,组织的全体成员都会壮志满怀、热情洋溢地投入工作,为达成目标一丝不苟地努力。或许正是因此,但凡组织的领导者都渴望拥有这种素质。然而,要在现实中找到真正拥有这种领袖气质的人却十分困难,因此人们才认为电影里那些魄力十足的组织头目"很酷",不由自主地心生向往。

⚠️ 错误的领袖气质,就叫独断专行

谁都希望拥有领袖气质,组织中的上司也一样。尽管某些上司会因其独特的外貌或个性彰显出强烈的领袖气质,但实际上领袖气质并不是

那么容易获得。有的上司会通过忽而拉高嗓门，忽而耷拉下眼皮"用鼻孔看人"，忽而又轻言细语到几不可闻这些外在行为故意表现得很有领袖气质。他们的模仿精神虽然可嘉，但很遗憾，这些举动并不能让他们获得领袖气质。

领袖气质通常只有在下属"自发地认可并崇拜"上司时才有可能发挥其作用。不管你有何种"秘密武器（包括性格或外貌等）"，只要下属不认可，你就仍然不过是一个"只会装模作样的上司"罢了。

除了使外貌和声音显得"另类"之外，上司还会运用自己在组织上下级结构中的权力发掘领袖气质。不过试想一下，利用职位和权限等手段会让下属自愿地服从你，还是只会把你自己变成一个不可接近的可怕存在？这些错误的领袖气质观念非常容易导致上司走上"独断专行"的道路。

 01. 坚持"按我说的做"的上司

八字公司的营业企划组正在讨论新的营业点奖励制度。新制度将重点聚焦于对新顾客的招揽上，但却忽略同老顾客关系的维护。简单地说，不管光顾各营业网点的老顾客是否减少，只要店主能招揽到新顾客，就能获得奖励。这一奖励方案的提出者是担任组长的**赵我意经理**（一语双关，暗讽武断专行、按照自己的意愿行事的上司）。但组员们却认为经理提出的新制度负面效果更大，应该慎重斟酌。

赵我意经理：大家都说得差不多了，现在决定——就按原来的方案办。

组员1：等一下，经理。刚才我不是说了吗？那样做的话，营业点的店主们会不乐意的。只顾着招揽新顾客的话，老顾客很可能会减少，这样会影响营业点收益的。

组员2：对啊。方案还没有正式实施，就有人听到风声，现在就已经闹得满城风雨，大家都一肚子怨气呢。

组员3：公司不也在倡导顾客满意经营的理念吗？我认为"撇下老顾客"式的制度行不通。

赵我意经理：（勃然大怒）喂！喂！我都说了就那么办了，你们哪儿来那么多废话？你们是组长还是我是组长啊？就按我说的做，出了问题我负责！老实跟你们说，就是让我下课我也干！

组员1：经理，如果不希望出现那种局面的话……

赵我意经理：你说什么？我认为我已经说得够多了，我的想法也表达得很清楚了，不是吗？怎么，不喜欢按我说的做啊？那就去别的组啊，要不然就离开公司。要想留在这儿，就得听我的指挥，明白吗？我有我的方式，接受不了的就走人。什么话这么唠唠叨叨说个没完！

我们身边随处可见这种独断专行的上司。他们因为过于向往领袖气质，所以要求下属完全按照自己的方针行事。

 02. 打着沟通旗号说教的上司

上司独断专行的另外一个表现就是擅作主张，听不进下属的意见或不和下属商量、认为只有自己才是对的。当然，某些上司的确拥有不用事事找下属商量也能完成工作的优秀实力，这令下属们不得不钦佩，向他们投以尊敬的目光。问题出在那些不具备这种实力、却仗着职权压人、武断决策和行动的上司身上。他们普遍不喜欢那种试图说服下属的沟通过程，所以以沟通为目的的会议常常会变质为他们单方面下命令和说教的场所。

相比倾听与交谈，他们更加重视自己的想法是否充分表达。所以每次开会讨论，上司说话的时间总是比下属长，会议往往演变成上司单方面依照预订议案进行解说的一场宣讲，下属都成了一言不发观看剧目的观众。下属当然会暗自嘀咕："这种例行通知的会议还开它干嘛？人人都忙着自己的工作呢，偏要浪费我们宝贵的时间，把所有人都召集到这个会议室里来吗？你自己定好之后每天往公告栏里一写不就行了……"以沟通为幌子的独裁上司行为如下：

- "我想OOO是对的。"
- "看来OOO是最好的选择。"
- "如果OOO的话，嗯……有点困难呢……有这样的先例吗？我可负不起这个责任啊。"
- "董事长希望朝OOO这个方向去做，大家都知道吧？"
- "你们不认为是OOO吗？"
- "如果OOO的话，不就好了吗？"

这种单方面的用"命令"和"说教"武装自己的上司无论和下属谈什么，都会装成一副什么都知道的样子，频频打断对方的讲话，又或者不停地单方表达自己的观点。所以他们的谈话模式也都是清一色的"发表见解＋让对方同意自己的见解"的结构，尽管他们时不时也会以温和的语气和巧妙的措辞掩饰自己的独断和霸道。

 03. 先下结论再商讨的上司

就算通过谈话和下属进行交流，也不代表就不存在问题。独裁的领导者总是按照自己的想法做决策。对这种上司来说，收集下属意见的过程只不过是为了合理化自己的决定，是抱着一种"我已经和大家开会充分讨论"的心理，企图制造一场所谓的"民主表决"，实质上自己心里早就打定主意，所有外在形式不过是要走一个程序。尽管承担最终责任的上司坚持按照自己的方式做决策也情有可原，但仍抹不掉其独断专行的本质。

A 部门的几位组长每周一上午九点就要聚到一起开例会，就一周的工作项目交换意见，确定下周工作方向。今天会议的主要议题是营业一组上个月的项目成果。负责该项目的营业一组组长和组员、以及相关部门的负责人提前三十分钟就进入了会议室，开始了焦急的等待。原定开会时间过了五分钟，销售总监才姗姗来迟。他坐下后对余人看也不看，只简短地说了句"开始吧"就开始了会议。尽管项目成果汇报已经开始，但会场气氛从一开始就紧张得让人透不过气来。正当下属进行说明时，销售总监又像往常一样开始鸡蛋里挑骨头：

"快点说完不行吗？拣要点和重点说""这部分就不用讲了""那个数值错了吧？这种事情你都不事先检查一遍吗？"听了这些话，营业一组组长连大气也不敢出一口。报告匆匆结束，销售总监又发话了："怎样？有问题就说"人人面面相觑，会议室鸦雀无声。"怎么？都没有问题？那就按我刚才的提案做好了，就这样！"

在此种情形下，除非与会者有两个以上心脏，否则恐怕谁也不敢在销售总监面前畅所欲言，更别说针锋相对了。和这种几乎让人窒息的上司一起工作的下属会有什么想法呢？多半逃不出以下这两种：其一，闭上嘴巴安安静静地呆着；其二，辞职去别的公司。

很多上司都习惯在下属说话时随意打断，然后单方面地表达自己的看法。这是为什么呢？

首先，上司和下属关心的问题在本质上不同。上司普遍认为自己会从整个组织或部门的角度来考虑问题、做决策，而下属则多是从他们自身利益考虑。所以当下属提出某个不同观点时，上司就指责他自私自利，是个"只为自己考虑"、"拖团队后腿"、"目光短浅"、"对公司不满"或者"只想着涨工资"的人。上司如果总是这样认为，就会产生"下属的意见有必要去听吗？他们不过是站在自身利益的角度说话罢了"等这些先入为主的想法，从而剥夺下属的发言权，不再重视下属的意见，变得独断专行。

其次，上司倾向于把协商、同意、合作等现象视作组织健康的信号，而把争论、反对等归为需要避免的坏现象。亦即健康的企业应该尽可能只发出一种声音，大家步调一致。所以，当会议中出现过多的反对声音时，上司心理上就会感到不安，从而尽可能避免这种情况的发生。这同样会导致上司走上独裁之路。

 04. 把异议当挑战的上司

独裁上司的另一个表现是对下属的反对意见有意无意地充耳不闻、

或者"一棒子打死"。他们总认为自己的想法永远正确，不能容忍丝毫的反驳。一听见下属说"不"字，他们就受不了，准把这位不知天高地厚的倒霉下属开除出公司。于是，所有下属都被限制在了"上司永远是对的"这个假定前提下，思想观点、言行举止都要合乎上司的心意。独裁的上司就这样成功地为下属划定了行动范围。既然能做和不能做的都已经规定好了，随之思维也就受到局限，挑战精神也随之消失。和这种上司共事的下属会是什么样子呢？

这些下属大多会变成"沉默的羔羊"。他们认为就算我能拿出有说服力的证据证明我的想法正确，上司最后还是会按照（不，应该说是固执于才贴切）自己原先的想法做决定……多说话不过是打自己嘴巴而已。所以即使参加会议，他们也不会发表什么个人见解。如果上司不时插上一句"你们怎么都不说话？"下属们只会暗暗好笑："说了你听得进去吗？"

这种暗含讥嘲的沉闷气氛会给组织带来严重的副作用。由于独裁的上司大多认为自己对下属们很好，所以一旦听到关于自己的负面评价时，要么拒绝承认，要么焦虑不安。当有人反抗自己的权威时，他们心理上会产生一种抗拒感，还会对传达这种负面消息的下属大发雷霆、厉声斥责。此后下属就会认定将负面消息据实传达给上司肯定挨骂，于是故意不汇报这类信息。

有趣的是，在现实中即使传达负面消息的人和消息本身并没有什么关系，也会单单因为传达了不好的消息挨骂。研究结果表明，接受到负面信息的人会不自觉地把传递该信息的人当作问题的起因或事件的当事人，从而对他产生反感。

从组织的上下级结构来讲，信息都是由下向上传递的，其间报喜不报忧的现象被称为"沉默效应"。诺贝尔物理学奖获得者理查德·费曼在调查1996年挑战者号爆炸事件时，就曾切身体会过沉默效应。当时，他向美国宇航局的研究员询问飞船引擎的爆炸几率，研究员们回答说大约为1/200～1/300。但是当他向研究员的上级询问同一问题时，上级却回答说几率只有1/100000。可见由于报喜不报忧的组织文化的存在，上司们连飞船引擎很可能爆炸的危险性都无法得知。

在独裁上司领导的组织里是不可能产生最优问题解决方案的。因为不单"沉默的羔羊"大量存在，上司的独断专行还培育出了大批的"向日葵下属"。他们完完全全抛弃了独立思考的能力，而一味地去揣测上司的用心，把上司的话奉为"绝对真理"，整日忙着帮上司敲边鼓、造声势。但也不能因此就把原因都归结在这些下属身上。这也是他们无奈之余，为在独裁上司手下生存而采取的生存策略。对他们来说，"不（No）"这个词已经消失，只剩下"是，明白了（Yes）"这句应声附和。不必期待这种下属会有什么挑战精神，他们的行为模式都是固定的：先抛出上司喜欢的"正确答案"，再围绕着这个答案说话做事就行了。以下事例很好地说明了职场中这种与独裁上司共事的下属被迫变成"向日葵"的无奈现实。

2008年1月，手机制造公司A企业忽然紧锣密鼓地开展了更新品牌的工作。过去五年里，公司的旧品牌虽然在市场中获得了一定成功，但最近销售量却大幅下落。A企业经过调查发现，旧品牌虽然广受三四十岁年龄段的职场人士喜爱，但对手机主顾之一的20岁年龄段的年轻人却缺乏吸引力。他们对A企业品牌的普遍看法是："没有感染力，陈旧、过时。"

　　公司决定专门成立工作小组推进品牌改良工作。于是品牌组、营业组、生产组的几位组长聚到了一起，召开了一次改良品牌形象的会议。决定在保留原品牌名称的基础上，在色彩和设计方面使之更符合年轻人的审美观。虽然大家也想把品牌名称一起改了，但考虑到创立该品牌的业务总监对之怀有深厚的感情，所以三位组长都不忍把名称也彻底换掉。

　　辛苦了八个月，终于到了向业务总监汇报的时候了。报告以市场调查结果为依据，尽可能从符合逻辑的客观事实出发，阐述了品牌改良的必要性，提出了三四个 A 企业手机新品牌的备选方案。听完汇报的业务总监脸上泛起了一阵红潮。旧品牌是他在 A 企业的功绩，他一直引以为傲，现在却任由旁人来指手画脚，本就令他不快。终于，他发话了：

　　"各位辛苦了。不过我们的品牌问题真有那么严重吗？我周围那些朋友的评价都不错啊！为什么一定要改？我看不改也成啊……如果一定要改，你们交来的这些提案我都不大满意……把提案做详细些再拿来给我吧。"

　　历时八个月的品牌改良工作就这么宣告结束。又是几个月过去，品牌改良工作仍然没有什么革命性进展，只是在原有基础上稍加改进就草草落下了帷幕。

　　如果上司总是把提出相左意见的下属看成是"对自己权威的挑战"、责备他们"妨碍公司运作"的话，以后所有人都会尽可能挑上司爱听的话来说。一旦养成习惯不听逆耳忠言、偏好虚言奉承，上司就再也不会得到基层的真实信息，而组织中会剩下一批见风使舵的"向日葵下属"，他们不再兢兢业业地工作，整日只是思考"如何讨上司欢心"，把在上司面前报喜不报忧的策略视为上上之选。

 05. "我自己想好了就行"的上司

独裁的上司在指挥工作时，不屑去解释"为什么"要那么做。因为在层级分明的组织中，大家都将上司默认设置为"下达指令的人"，而下属则是"奉命行事的人"。简言之，就是"我已经都考虑好了，你们照我说的做就行"。越是实力出众的上司，越容易产生这种倾向。他们的辩解是："在我看来，所有下属都没有我考虑的周全深入。如果要一一征求他们的意见，我就忙不过来了。"有的甚至还认为下属同样没兴趣知道上司的意图。偶尔也有大胆的下属会询问一下原因或者方法，这时独断专行的上司就会说："那些问题你不用考虑，先把交给你的任务做好！"

我们来看一个事例：

由于新产品上市日期迫在眉睫，某公司的生产部和营业部每天都像打仗一样忙碌。业务主管要求开发人员和生产部门最迟 9 月 30 日之前必须把 A 产品投入市场，不管有什么困难都要保证在那天之前将货品送至全国各地的卖场。开发人员和生产部接到指示都惊讶地张大了嘴巴。因为除了 A 产品之外，其他产品也要在此期间上市，在此之前完成所有这些任务几乎不可能。可是主管并没有告诉他们为什么要定在那一天。过了一段时间，员工们才知道，原来 9 月 30 日正好是世博会开幕日，这对新产品宣传来说是个千载难逢的良机。假如事先把这个缘由告知下属的话，他们的不满情绪也不会那么严重，说不定还会想出更好的创意。

 06. 高深莫测的上司

独裁上司的另一大特点是不愿透露自己的内心想法。他们习惯性地认为"上司轻易透露想法无异于降低威信""这种事情有必要告诉你吗？以后你就知道了""现在说出来的话人人都七嘴八舌地反对"。从而导致下属千方百计地想要弄清楚上司的意图。如果故意把一两句就能说清的问题搞得含含糊糊，下属在着手解决之前就会猜测"上司为什么要我做那件事"，搞不好一周的时间就浪费在这份无用功上了；如果连问话也含糊其辞，下属又会疑心这句话的别有用心，全副心神都耗在"揣摩上意"上了，哪里还有心思做事情。

比如"我们公司的产品也还行吧？"这个问题，是真的在说我们公司的产品不错呢，还是在反讽我们公司的产品不好呢？有时候还真不好说。俗语"上头扫落叶，下头拔树根"如果上司总是含糊其辞地隐藏自己的用意，下属很可能就白忙活一场。

一个有趣的事例很典型地体现了上司明确说明意图的重要性：

都市人寿保险公司的CEO本默切有一次出席了一场会议。会议中，他想调低会议室新座椅的高度，却弄了半天也没成功，只好又重新坐好继续开会。一周后，他接到会议室负责人打来的电话，问是否需要把会议室的座椅全都换掉。他大吃一惊。原来，不知是谁说了句："CEO好像不喜欢会议室的座椅，全部换掉好了。"领导者的一言一行在下属看来都是做决策和开展工作的重要准绳。倘若当时 CEO 问一句："这个新座椅的高度怎么调啊？"也许人们就不必一整周都为要不要换座椅而伤脑筋了。

表达意思不明确导致的更严重问题是谣言纷传。不明上司用意的下属一见到上司做了什么新鲜事，马上会议论纷纷："这次又要干什么了？""这是要干嘛？"于是员工们暗自揣测，竞相谋划如何确保自己的地位和利益无损，谁也没心思再工作。

HP 前任 CEO 卡莉·菲奥莉娜进行组织结构调整时就发生过这样的事。由于菲奥莉娜不希望组织结构改编成为敏感的政治话题，因此只向高层领导者谈及了此事。但暗中进行组织改编的准备很快被员工们得知，公司内部立时谣言四起，人心惶惶。直到菲奥莉娜正式公布组织改编事宜后，公司才恢复了平静，而这时谣言已经风传了三个多月。三个月的时间无疑导致了不可估量的资源浪费。虽然领导者会认为"假如产生误会解释清楚就行了"，可是谣言一旦形成，其余波会比想象的持续更久。

一起来看看谣言过后的宜科公司某工厂原本友好的劳资关系以及满怀热情的员工都发生了怎样的变化，你就会了解误会和错觉一旦产生，将会留下多么严重的后遗症。

20 世纪 80 年代，美国国内电梯产业面临着需求量全面降低的困境。宜科公司为了提高生产效率，计划将原来的批量式生产系统更换为蜂窝式生产系统。该系统的试点单位选定为职工技术最好、积极性最高、劳资关系最融洽的切斯特工厂。

领导层满以为凭着优秀员工与蜂窝式尖端生产系统的结合，切斯特工厂将会成为"未来理想工厂"的典范。并且蜂窝模式的特点是给予员工更多的操作权限和自由，相信必然会受到员工们的欢迎。

因此他们决定委托咨询公司制定生产系统的更换计划，并且特别叮嘱事情要尽可能秘密进行，以免妨碍员工们工作。

接到指示的顾问们不动声色地调查工厂，随后离去。看到这一幕的职工开始风传公司要裁员，甚至还说工厂可能随时倒闭。更换计划制定完成后，领导层和咨询顾问一起召集职工开了 30 分钟的说明会。听完后职工们才知道风传一时的消息子虚乌有。表面上大家都松了一口气，回到日常的工作岗位上，然而令人奇怪的是蜂窝模式的引进并不是很顺利。

职工们在引进蜂窝模式的过程中表现出了种种不合作的态度，抵触情绪强烈的甚至表示宁可被解雇也不会换用新系统，工厂生产效率急速下滑。由此可见，虽然领导层试图更替生产系统的出发点是好的，可是由于事先没向员工解释清楚，从而造成了误会。最后尽管误会冰释，但造成的感情裂痕却不容易弥补。

 ## 牢不可破的关系始于表达与倾听

当我们烦恼时，总希望找到一个可以倾诉的对象。虽然倾听对象并不一定能为我们解决问题，但倾听行为本身就意味着对方愿意分担自己的烦恼。这有助于建立两人之间的亲密关系。上司和下属也是如此。通常人们都把上司看成是"下命令"和"管下属"的人，但假若上司是一位愿意倾听下属心声的人，结果又会如何？虽然表面上暂时看不出来，但无形中两者之间却形成了牢不可破的情感纽带和共鸣，促进了彼此间的信任。

 ## 01. 练习主动攀谈

如果想了解下属的真实想法，就不能坐等他们来找你吐露心迹。上司必须主动去找下属谈话。3M 公司的 CEO 吉姆·麦克纳尼接受《商业周刊》杂志专访时曾感叹从员工那里获得真实反馈着实不易，因为只要自己一提出某个见解，员工纵然内心反对，表面上也倾向于说："吉姆，你的构想真棒。"

看来连以开放的上下级文化著称的 3M 公司的员工也不轻易向上司吐露真实想法，更何况是在国内的企业文化氛围中的员工了。因此，上司主动找下属谈心就变得尤为重要。不仅如此，上司还必须改变思维模式，学会倾听和接纳下属的批判性意见，加强相互沟通。

当下属提出的某个新见解、领导者很难接受时，大多数领导者的反应是"就按我说的做"或者"你说的话你自己负责"。看似微不足道的一句话很可能就此埋下了危机的种子，让下属产生错误认识。他们很容易把这种话解读为：强出头的结果，要么挨批，要么被迫担下所有风险，但若乖乖地一言不发，那就万事大吉。这种风气一经形成，任谁都不会再主动说出自己的想法。温斯顿·丘吉尔就曾说过："不仅毫不忌讳地阐述自己的观点需要勇气，聆听别人的意见也需要勇气。"为了获得员工的真实意见，上司们还需要努力强化自己的感性能量。

 02. 打消"多管闲事"的念头

　　世界级培训专家马歇尔·戈德史密斯曾说："成功人士最常犯的错误就是妄想长胜不败。"争强好胜是人之常情，但是在细枝末节上也不依不饶地一心想着压倒对方，这就容易出现问题。

　　越是竞争意识强、事业成功的人，越容易觉得自己是对的，总想凌驾于他人之上。上司总想干涉下属工作的欲望就是其中典型的代表。对此戈德史密斯这样定义：**"上司干涉下属工作的行为是成功人士想获得胜利、证明自己的一种表现。"**这种欲望体现为总想在下属原先的意见基础上附加新的价值。结果导致某些上司一不多管闲事就坐立难安，他们总喜欢在下属发表意见之后满不在乎地摆出一副"我早知道了""我知道得比你多"的模样。

　　如果上司的干涉能够提高工作成效，那固然好，可是事实并非如此。很多上司对下属的工作指手画脚时都喜欢对下属的意见视而不见，多管闲事带给他们的只是一种"一吐为快"的畅快感，但对下属开展工作带来的则是妨碍。有时这种多管闲事连5%的改进作用都起不到，而这不足5%的改进换来的可能是另外30%的损失，这30%正是决定创造性思维的条件——"下属的激情"。

　　上司如果不想掉进独裁的陷阱，首先要摆脱多管闲事的诱惑。请你回想一下自己曾经多少次以"不过……"或者"可是……"的发话试图干涉下属的工作吧。如果是小事一桩，那么就算没有达到你的要求，也请用两句鼓励来代替你挑剔的评语吧。

03. 广开言路

子曰："三人行，必有我师焉。"为了不被急速变化的环境所淘汰，无论是年轻人还是老年人，都必须时刻保持虚怀若谷的心态。向下属学习是学到新技术、新知识、了解新创意的好途径。

上司们由于在同一家公司或同一个领域中待了很长时间，可能会导致自己的眼界变窄，而下属则能为他们提供崭新的知识信息，给予强烈的新鲜刺激。如果上司和下属之间、员工与员工之间都有了沟通交流的氛围，那么员工对公司的想法、个人的烦恼都可以安安心心地表达出来。所以身为上司的你一定要时刻反省"我还有哪些不足""员工身上有哪些东西值得我学习"，保持清醒的自我认识，努力尝试和学习新事物。

第四章 自负 vs 谦逊

自命不凡的上司没人帮

自负型： ┃无所不知的上司

┃陷入"我是 NO. 1"错觉的上司

┃许诺空头支票的上司　┃颐指气使的上司

谦逊型： ┃从严以律己做起　　　┃赞扬下属，你的身价也将倍增前不久访韩的 GE 总裁杰弗里·伊梅尔特在会见韩国企业家时曾说过下面这一段话："在 GE，最重要的是必须成为不断学习、从失败中汲取教训的人。骄傲自满的人会重复犯同样的错误，在公司里失去立足之地。以谦虚的态度时刻学习的人、坚持不懈努力的人才会成功。埋怨别人的人绝不可能获得成功。"

伊梅尔特总裁想要强调的是对"过分自信"即自负的警惕。对自身能力的自负感以及对过往业绩的骄傲都必然导致轻视和瞧不起人的处事态度，最终不但自己惨遭失败，还会使组织蒙受极大的损失。

过分自信是失败和矛盾的种子

美国南加州大学管理学院的教授沃伦·本尼斯把不听下属意见的领导者称为"耳朵疲惫的人"。

《从优秀到卓越》的作者吉姆·柯林斯指出，一个卓越的企业重新沦为平凡甚至更糟糕的企业的主因之一就是管理者的"自负"。哪怕是一度为企业创造过辉煌业绩的领导者也会在自命不凡的一瞬间拉开个人失败的序幕，成为企业走下坡路的起点。他说："**虽然仅凭领导者一人之力无法完成企业从优秀到卓越的过渡，但任何一个领导者都可以凭个人之力让企业灭亡。**"这句话已经在因会计丑闻而销声匿迹的安然公司和世界电信身上得到了印证。美国硅谷的管理咨询公司圆桌集团的总裁帕特里克·兰西奥尼在他的《CEO 的五大诱惑》一书中指出，相比"创造辉煌业绩"这种诱惑，CEO 更容易陷入"扬名立万"的诱惑，他告诫领导者如果患上了所谓的"出名癖"，企业即便可以成功一时，但也无法成功一世。

历史上不乏自命不凡的领导者，拿破仑便是其中之一。让雄心勃勃的拿破仑首度受挫的事件是入侵前苏联的失败。史学家指出，入侵前苏联失败的原因就是源于拿破仑的固执和自负。1812 年，拿破仑远征前苏联前夕，法军司令雷伊等人在听取专家意见后，建议拿破仑考虑到寒冷的冬季气候推迟远征。可是拿破仑只是不耐烦地表示"我都知道了"，完全无视部下的忠告。

自负问题不仅在企业高层身上存在，在众多中层上司身上也同样存在。上司的自负会成为下属们茶余饭后的可笑谈资。如果上司既没有能力、又骄傲自满，那么被讥嘲为"没有自知之明"的人也很正常。问题是能力优秀的上司也可能面临同样的处境，为什么会这样呢？他们即使什么都不做，下属也会自然而然地认可并尊敬这位实力派的上司，可是他们却偏偏要摆上司架子，致使下属原本"油然而生的敬意"瞬间消失得一干二净，只剩下反感和厌恶。这时连上司本已被承认的能力和业绩可能也会被下属贬为"运气好"。

01. 无所不知的上司

　　自负的上司宣称："我什么都知道，我什么都正确。"他们自以为全世界没有他们不知道的事。管理学家尤因称这种心理为"全知全能信念"，正是它播下了灾难的种子。如不耐烦听完下属的话，听几句就凭感觉下结论，用"我都知道了，不用说了"这种话来打断对方等等，这些都是陷入"全知全能谬误"的上司的表现。即使下属提出了前所未有的新构想，上司也会以"不合先例"为由对之视若无睹。错把自己当做全知全能的上帝的上司们都有哪些表现呢？

　　首先，他们会事无巨细地对下属的意见评头论足，常常把"那样做对吗""那个错了"之类的口头禅挂在嘴边。即使下属的观点正确，他们也不轻易认可，每次都是"先否定再平反"。只有这样自己才有话说，才有机会炫耀自己的能力和知识。哪怕是和下属探讨自己专业领域以外的事情（或者说是下属非常了解的话题），他们也不肯服输，反而一个劲儿地把自己的观点强加给对方，指责对方的错误。如果下属坚持己见，他们就索性固执到底，直到下属认输说"是！是我错了"他们才肯罢休。

　　其次，当下属反驳自己时，他们就会更加愤怒。他们只感觉自己的尊严被冒犯，而不去考虑这其实不过是针对某个问题或疑难提出的众多意见当中的一个。他们会觉得："哦？你这是在反过来教我吗？"所以不管下属说什么他们心里都会无名起火。

　　有趣的是，如果提出反对意见的不是自己的下属，而是和自己的工作无关的人，他们多半就能同意并接受。这种思维惯性源自想在下属面前炫耀自己无所不知的贪欲。在这种上司手下工作的下属会怎么想呢？——"真是个自大狂，他要得意就让他自己得意去吧。""跟他说也是徒费口舌，就算要说怎么也得找个能沟通的人吧。"

02. 陷入"我是 NO. 1"错觉的上司

不少上司骄傲自满的程度虽然还没到"全知全能"的地步，但也认为至少在公司内部自己算得上 NO. 1。他们觉得一切问题只有自己出马才能圆满解决，所以总是到处干涉别人工作。如果这也称得上是"美德"的话，姑且承认他们拥有这种"美德"吧。他们认为自己的行为不是在炫耀，而是在以"培养接班人"为目的向下属传道授业。他们坚信这些活生生的经验之谈能够达到最好的效果，同时自以为是地认为下属也会觉得自己的教导是有价值的。但许多上司却忘了大部分下属都把上司的经验之谈当作无味的说教和反复的录音重放。

"每次向经理汇报工作时，他都好像完全没有兴趣给我提供有价值的知识或信息，只是不断地向我提起他那不知已经重复了多少遍的成功经历。看他那个得意劲儿，就好像公司大大小小的事务没一件没做过、没有哪个领域不了解、也从来没打过败仗似的。除了强调自己工作能力多么出色、经验多么丰富之外，一点儿对我正在做的项目有帮助的话都没说。"

"上司成功经验"的无休止重复对于下属来讲不过是让人厌倦的说教。如果你以为下属会为此感激涕零，那只是你这个上司的错觉，也是你目空一切的一种表现。现实情况亦是如此，越是在公司里屡获殊荣的上司就越喜欢夸耀自己的成功经历，但他们自身却往往意识不到这一点。

陷入自负的上司为了向周围的人展现才能，还喜欢陶醉于"自吹自擂"。如果上司真的有才干，下属即便不喜欢他的个性或者领导风格，也至少会认同他的能力、尊重他这个上司。可是自抬身价的上司出于对"万一下属不认可我的能力怎么办"的担忧（甚至生怕下属们不了解自己的实力和业绩），总是每时每刻都故意向下属炫耀逞能。让我们一起来认识一位陶醉于自吹自擂的上司吧。

高万丈经理（一语双关，暗讽爱炫耀，自吹自擂的上司）的口头禅是："哎呀，这可怎么办才好呢？"别以为他在操心公司出了什么大事，这只不过是他变相夸耀自己的方式。

（上午十点）

高万丈经理：金助理，你说这可怎么办才好呢？

金助理：啊？什么事啊？

高万丈经理：没什么，只是董事长突然要我和他一起吃午饭。

金助理：这有什么问题吗？

高万丈经理：哦，也不是有什么问题啦……他说是因为上个月的合同问题处理得很好，所以请我吃一顿饭。董事长可是个大忙人哦！以前他都不怎么和经理们吃饭的，不知为什么今天突然要请我。真是受宠若惊啊……你说是不是？

金助理：反正他说了请客的，您就尽情吃呗。

高万丈经理：啊哟，和董事长一起吃饭能吃好吗？我又没干什么大不了的事，他又何必特意请我吃饭呢。要是让别人看到我和董事长在一起吃饭，那不是叫我难做人吗？唉，这可怎么办才好……

金助理：哦……

（下午两点）

高万丈经理：我们公司的顾客满意经营体系被产业协会选为了优秀案例，他们请我们做个演讲。因为公司的顾客满意经营体系是我创立的嘛，所以又不好派别人去……唉，这可怎么办才好呢？

金助理：您亲自去一趟不就行了吗？还能为公司做广告呢，挺好的啊。

高万丈经理：我还是觉得麻烦。虽说是我一手建立的，但其实也没什么大不了的呀。唉，竟然还特地把这个选为优秀案例，真是烦人哪。

金助理：您也可以趁机去外面露露脸啊，好机会哦。

高万丈经理：唉，好吧，虽然麻烦……但也得去一趟吧？

（下午五点）

高万丈经理：哎呀，这可怎么办呢？

金助理：（天哪，真是烦死了，这次又怎么了？）经理，您怎么了？

高万丈经理：哦，我孩子得了钢琴比赛第一名。

金助理：哎哟，那真恭喜您啊。

高万丈经理：可是还得给孩子买礼物啊。买什么好呢？

再来看看下面这位，认为公司事务没有一件不是自己做出来的**全都**

管经理（一语双关，暗讽事无巨细，喜欢事事插手的上司）。

全都管经理： 在我们公司啊，有几样东西是别人没有的。知道其中一个是什么吗？那就是最新的物资动员管理系统。只要有了它，足不出户就能知道我们产品的流向。以后你也时常会用到这个系统，好好学习吧。

新员工： 是，知道了。不过学起来容易吗？

全都管经理： 呵呵，那当然了。我制作这个系统的时候可是花了大力气的。开发小组那么多人，可是大家都没我那么拼命，小到一个一个按键都是我费尽心血做出来的，其他人全都站在一旁看热闹。哎，想到这些就来气。总之你好好用吧。我去喝杯咖啡再抽根烟再过来，你先自己看着。

新员工： 是，知道了。（全都管经理走开）

一旁的金助理： 哎哟，这家伙做的什么破系统啊。当初做的时候就该好好做嘛，弄出这么个破玩意儿像什么话呀。

03. 许诺空头支票的上司

有时自负会导致盲目乐观。被自负情绪包围的上司过于相信自己什么都能办到，不愿理性地分析事实，所以常常凭着模棱两可的直觉下完决定就开始行动。明明要花费八周才能完成的事情，却在董事长面前拍胸脯保证四周就完成，明明需要两个小时才能解决的问题，却在顾客面前打保票承诺一小时之内办好。不知他们是不是真能成为高层心目中充满挑战精神和自信心的团队领袖以及顾客心目中正直诚恳的负责人。但

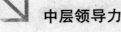

是那些不得不履行上司空头承诺的下属无一不会惴惴不安："该怎么办啊？他打算怎么善后啊……"

作为上司，客观地承认自己和团队的能力局限这一点非常重要。千万不要忘记"我们能行"这句话只有在事实上有可能促使工作取得实质性成功的时候说才能有效激发下属的热情和自信。

04. 颐指气使的上司

高知识经理自认是个很有幽默感的人。因为自己每说一句话，下属都会"咯咯"发笑。这真的是因为他说话有趣吗？能让天天被加班累得精疲力尽、连看爆笑娱乐节目也笑不起来的上班族们绽放笑颜的人会是谁呢？就是上司。但凡上司开一句玩笑，哪怕是老到青铜器时代的冷笑话，下属也必须装作好像第一次听到似的大笑。这真是上班族的悲哀。

自负在奉承的浇灌下长大。很多下属都会由于将上司划归"领导"范畴的心理而拒绝同他们推心置腹。和自己敬畏的上司说话常常会因为不知道该说些什么好、不知道该怎么措辞而把自己搞得很累。实话实说吧，又怕说错；不说吧，又担心上司注意不到自己的存在。所以他们通常都以"是，是"或者"您想得不错"这种唯唯诺诺的形式来代替。上司如果分不清下属这种并非出自真心的答话，就会陷入自高自大的情绪。

一旦自负的情绪达到顶点将会如何？上司会认为无论自己下了什么命令，下属都会毫不迟疑地履行（也许还认为这是理所当然的），有时候还会想当然地臆测下属也一定很高兴能和自己这样聪明又能干的上司一同工作。自我陶醉的同时，他们偶尔还喜欢将与工作无关的私事也交由下属来做，并且没有丝毫的罪恶感。

虞乃天组长（一语双关，暗讽对下属颐指气使的上司）一贯主张："上司是天，下属是地。"一想到一路奋斗到组长职位流下的汗水和过去看上司脸色行事的痛苦，虞组长就想捞回本钱："如今的世道真是不同了，和我以前所吃的苦比起来，现在的员工活得太舒服了。"他认为就算是和工作无关，下属也应该在物质和精神两方面协助上司，并自以为那不仅是对自己和公司忠诚的证明，也是和组长拉近感情的机会。所以每逢自己出差，虞组长总要带一名下属前往机场。一来觉得需要一个人帮忙搬运沉重的行李，二来身为上司的自己要长时间离开，下属怎么也得道别一下吧。出差回来时也一样，他会在国外打电话给员工，告知具体的回国日期和时间，叫他来接机。这还不算最过分的，离谱的是他连自己孩子的作业也要交给刚入职的大学毕业生批改，当作课外辅导。有时是要员工帮孩子找资料，有时则让员工直接代写。渐渐地，下属们都怨声载道："难道我就是为了做这种事才来这家公司上班的吗？"

 ## 优秀员工缔造卓越领袖

人们一致认为但凡是优秀的组织必定有一位杰出的领导者。但事实果真如此吗？或者只是因为"领导者"这三个字所给我们造成的心理暗示呢？通常当我们解释企业或组织的成果时，会由于难以照顾到过多过复杂的变项而喜欢把原因单纯归结在最显眼的领导者身上。

杰弗瑞·菲佛教授做过一项实验。他将一支球队分为 A、B 两组，让他们进行比赛。尽管 A 组实力更强，但实验者故意操纵分数，让 A 组输掉了比赛。赛后他询问 A 组队员失利的原因，队员们纷纷指责教练的领导出了问题。

所有优秀的组织和成功的领导者背后都有着成百上千的支持者。如果没有他们的帮助，单凭领导者一个人不能成功。GE 的一位主管人斯宾塞·克拉克就曾评价说："无可否认，杰克·韦尔奇是一个杰出的管理者。但许多人却忽视了 GE 早在韦尔奇就任前 100 年就已存在，其间多达七万名员工都在为之奋斗。"

 01. 从严以律己做起

当询问好上司"如何才能获得这么好的评价"，请求他们"传授秘诀"时，得到的回答有些差强人意，因为那并不是我们原先期待的什么神奇秘诀。而只是一些"我只是把自己该做的事情做好了而已"之类的很平常的话。

被誉为优秀上司的人中，很多人都具有谦逊的品质。为什么会这样呢？这归功于谦逊这一美德带来的几个好处：

第一，因为不觉得"自己是最棒的"，所以他们不断地开发自身的潜能。而骄傲自大的上司绝不会努力学习新东西。随着时间的流逝，谦逊的上司和自负的上司之间的实力差距就日益明显。

第二，谦逊避免了夜郎自大的想法。谦逊的上司更懂得倾听别人的意见，接受好的建议。因而他们更能做出英明的决策，创出更辉煌的成果。

第三，自负者总以为自己了不起，但很少有人愿意和自我吹捧的人打交道。而谦逊的上司绝不会把这样的观点来强加于人，所以他们能够和下属员工走得更近。

第四，谦逊的上司不企盼别人都知晓自己的功劳。他们认为那些只是自己的分内之事，没什么值得称赞的，还说："一定要表扬的话，就表扬帮助我取得成功的下属们吧。"这无疑与那种把下属功劳据为己有的上司有着天壤之别。下属们当然更愿意为这种好上司努力工作。

02. 赞扬下属，你的身价也将倍增

担心自己无能、消极和自卑吗？多数上司都会觉得贬低自己很伤自尊，但是谦逊必须从敢于贬低自己开始。为此我们应该努力做到"吝啬地称赞自己，大方地表扬别人"。人们通常讨厌自吹自擂的人，所以那些炫耀自己"很好""了不起"的行为一定要坚决摒弃。酒香不怕巷子深，真正的实力即使不刻意夸耀，大家慢慢也会知道。同时赞扬对方的广阔襟怀也会让下属们感受到你的谦逊。

成功人士和组织领导者最常见的特点之一就是谈论自己的成功时将外部条件或别人给予的帮助统统省略，单把个人的努力说成唯一重要的因素，而当谈论自己的失败或困境时，又把原因归结在别人或是不利的外界因素上。但是当领导者认为成功是自己一个人的功劳时，身边的下属就会有一种失落感。

同样，自以为了不起的上司手下也不会有优秀的下属。因为他们每次努力完成任务或者协助上司工作的结果总是被上司一个人抢了功劳。最终他们会失去为这种不可一世的上司工作的愿望。

　　上司谦逊品质的另一个表现是把下属当做"同伴"看待。如果你认为在组织中职位高就可以对下属颐指气使的话，就赶紧打消这种念头吧。以一种和下属平起平坐、共同带动组织前进的姿态对待下属，他们自然会感受到上司的谦逊品质。"他虽然职位高，可是真的很平易近人，懂得和下属合作共进！"只要获得这种评价，你就算及格了。

　　纽可钢铁公司的前任CEO肯·艾佛森就是这样一位领导者。艾佛森就任以后一直努力为公司营造一种人人平等的文化氛围。在此之前纽可的员工一直统一佩戴以颜色区分职位高低的安全帽，艾佛森认为如果相信这种以炫耀权力为目的的安全帽的力量的话，干脆全都染成黄金色的好了。他相信只有珍惜每一位员工，把他们视为"同伴者"，才能激发起他们的工作献身精神。因此把所有人的安全帽不论职位大小一律换成了白色。德高望重又虚怀若谷的谦逊美德不就是从这种精神中产生的吗？

第五章 卑怯 vs 勇气

推卸责任的上司让下属无所归依

卑怯型： ｜ 功劳是我的，过失是下属的

｜ 把难题丢给下属的上司

｜ 欺软怕硬的上司　　　　｜ 推卸决策责任的上司

｜ 频频改口的上司　　　　｜ 挖好陷阱等人往里跳的上司

勇气型： ｜ 如果是最佳方案，那就果断决定

｜ 一味责备不会使下属真心拥戴你

｜ 勇于直言上级的错误

｜ 承认过错与失败，懂得适时进退

"那是卑怯者的辩白！"这是电影《实尾岛》中的著名台词。就算没看过这部电影的人也多半知道这句台词。"卑怯"这个词带有很强的贬义色彩，日常对话中我们用得并不多。不过，这并不代表我们不卑怯。

⚠ 卑怯的上司手下没有个人英雄主义的下属

企业之间的竞争常被比喻为战争，而企业的领导者则相当于军队的首领。试想边喊着"前进，冲锋！"边向后退缩的将领手下会有勇敢的士兵吗？企业也是如此，在卑怯的上司手下工作，逞英雄的行为可能意味着要独自负担起所有的风险，最终成为替罪羊任人宰割。作为组织的头领，自己不勇往直前却将下属一个劲儿地往前推，就是卑怯的体现。

01. 功劳是我的，过失是下属的

苦笑公司的**廖不齐组长**（一语双关，暗讽说话前后矛盾、推卸责任的上司）今天心情非常好，因为早上他交给董事长的下一年经营计划书得到了表扬。

廖不齐组长：真不知道大家是否在用心工作，我给了你们这么长时间，建议也不知提了多少个，怎么还会摸不着方向呢？幸亏我在向董事长汇报的前两天写了这份报告出来。你们怎么这么不让我省心呢？不过话说回来，好歹凑合着写了一篇交上去，在董事长面前也算交差了……

组员：……

廖不齐组长：咦，怎么都成哑巴了？说话呀。

组员：嗯……多亏组长您了。要不是您，这事儿就糟了。

廖不齐组长：让我怎么信任你们、把工作交给你们呢？

可是几天后，廖不齐组长的心情又跌倒了谷底。因为他交给董事长的经营计划书存在严重问题，并因此被董事长狠狠批了一顿。

廖不齐组长：我说你们都是怎么办事的？

组员：……

廖不齐组长：这种小事都要我来操心吗？你们应该知道怎么处理吧？

组员：（前几天你不是说都是你自己写的吗……）

（过了一会儿，董事长办公室）

廖不齐组长：董事长，前些天交给您的报告出现错误是由于下属们没有仔细核对资料。以后我会监督他们细心办事的，真是万分抱歉。

很多上司都理直气壮地把下属的成果归结为自己的功劳。可是一旦出现差错，他们又死活不肯承担责任，反而冲着下属大叫大嚷、厉声斥责。即使错误是由于自己的指挥失当，他们也会狡辩说："我什么时候让你那么做了？"从而将责任推得一干二净。再不然就是转嫁责任，强调自己的指挥本来是正确的，只是下属理解错了。我们再来看一个和下属抢功的事例。

PT 公司在国内广告界算得上是屈指可数的名企。担任广告策划组组长的**艾报告经理**（一语双关，暗讽爱做报告、抢下属功劳的上司）再过一个小时就要向重要客户华妆公司的 CEO 汇报他们新产品的广告策划案。只有过了这一关才能获得最终的委托许可。虽然这是 PT 公司的一次非常重要的报告，但负责汇报的**艾报告经理**却并不担心。他在公司里素有"报告鬼才"之称，不过在广告策划组组员们的心目中，**艾经理**的形象并不怎么可爱。"他没什么创新能力，只不过是擅长做秀罢了。"看来员工可不是一般的不满，就拿昨天的事来说吧。

艾经理：金助理，李助理，策划案都准备好了吗？

金助理：是的，都准备好了。

艾经理：哦，那打印出来放我桌上吧。晚饭过后花一两个钟头看看就行了吧？（我是谁啊？我可是艾报告啊！虽然不是我亲自做的，但汇报的时候装装样子绝不会有破绽!)

　　金助理: 怎么想都来气,怎么能每次都这样?

　　李助理: 怎么了?

　　金助理: 你想啊,为了设计广告创意我们不知道开了几十次会、熬了多少通宵,明明是我们这些下属的功劳,凭什么到头来就他一个人在客户面前洋洋得意地汇报、得到领导的夸奖啊?他也该给我们一些露脸的机会吧,你说不是吗?

　　李助理: 嗯,想想也是。这些日子以来我们一直为此而准备,客户的疑问我们肯定能迅速解答,经理反倒不如我们了解情况。所以他才为此特意准备了几十张辅助资料来应付。花在那些资料上的时间反而多过花在策划案上的时间了。

　　金助理: 事情不用做,凭着三寸不烂之舌就能混日子。天理不公啊!岂止这样?他还不准下头的人在他做报告的时候议论,经常假惺惺地搬出一大堆材料让我们学习呢。

　　虽说这种上司早该下台的,可是现实中他们却很"顽强"地在组织中存留了下来。这到底是为什么呢?**首先下属没有勇气指出这种厚脸皮上司的无耻行径。**即便指出,他也不会承认,自己反倒可能被贴上"尽唱反调的小子"这类标签。**其次,公司高层无法了解下属的不满。**由于高层领导主要和组长、经理们会晤,很少和员工们直接打交道,因此他们都是通过组长或经理来了解公司业务状况及员工反应的。由于这两种原因,卑怯的上司才得以在组织中混迹至今。

02. 把难题丢给下属的上司

在组织中，上司下属职责分工明确。尽管如此，一些上司还是经常懈怠、回避自己应尽的职责。

假设我们需要在两个互相竞争的市场部门之间选择一个能带来更多广告收益的部门。正确的做法是分别与两个部门的经理面谈，根据谈判或磋商结果做决定。可是有些上司却把这种事情丢给底下的普通员工或助理去做。把自己该做的事推给下属，是出于一种"不想面对困难"的心理。卑怯的领导者的一大特点就是"出了问题撒腿就跑"。我们一起来看下面这个事例：

背信公司的**单纯男经理**（一语双关，意指思想单纯，容易遭受上司陷害的下属）要在明天的经营会议上发表员工报酬制度项目的结果。这可算是为过去三个月的辛苦努力画上圆满的句号，同时也是首次在高层领导面前展现自己的能力。晚饭后，项目组成员们和单经理的上司人事经理一起核对了一遍最终报告。人事经理表示整体上做得很好，但向单经理提出了一个需要改进的地方。报告中明年基本工资上涨率写的是4%，他要求改为6%。人事经理认为，基本工资的涨幅至少要和物价涨幅相当，员工们才不会士气低落，才能兢兢业业地为公司工作。对此，单经理表示反对，认为在最近公司业绩不佳的状况下，4%已经算涨了不少了。人事经理却说在人事部门里，如果不站在员工的角度，而总是以领导层的立场考虑问题的话，是行不通的，仍然坚持认为改了较好。单经理无奈之余，只好按照上司人事经理的指示，将基本工资的上涨幅度改成了 6%。第二天，单经理在经营会议上做了报告，刚开始一切进展顺利，高层领导也对单经理的报酬制度内容感到满意。但是，当单经理接着报告基本工资的上涨提案上，问题出现了。

CEO：基本工资提 6% 啊……是不是太多了？最近公司的状况也不是很景气啊。

单经理：的确，我认为也有点困难，或许是由于最近公司不景气的缘故吧，员工们的士气都低得不成样子了。为了提高士气，激励员工们努力工作，我的想法是应该提高一点。

CEO：也不无道理。但若是公司都不存在了，员工又在哪里呢？首先要让公司生存下来嘛。人事部门做决策时这么感情用事怎么行？人事组长，你说是不是？你以为如何？

人事组长：是的，您说得对。单经理似乎还没有考虑到这一点。我在项目开始之初就说过了，要站在公司的立场考虑并做出决策，其实我昨天也跟他提过意见了，说提高 4% 比较好……看来还是经验不足啊。

CEO：就是说嘛……单经理。再去好好想一想，拟出一个让公司和员工都感到满意的合理方案，再来向我汇报吧。

 03. 欺软怕硬的上司

对下属大摆领导架子、大叫大嚷，对领导却卑躬屈膝到无以复加，这也是卑怯的上司的表现。根本原因是许多上司在参加会议时，是默念着"微臣，主子"这样的词语走进会议室的。在会议室中职位最高的人没有表明自己的喜好之前，他们什么意见都不会发表。只是在小心翼翼地揣测领导的心理，领导的意见一旦在会议室上空响起，他们就争先恐后地无条件赞同和附和。哪怕只说一句，也一定要比别人先开口赞同，之前自己的想法则完全抛到九霄云外。脑中加足马力飞速旋转只是为了能够找到那些让领导的意见锦上添花的话语。下面我们来看一个例子：

汇艺时装公司的会议又被称为"蜂群会议"。从不久前召开的广告试行方案会议，就可以看出这个别称绝非徒有其名。会议是由宣传组的金副总主持的。

发言者：一号方案是以家庭主妇的外出为素材的广告，二号方案是请最近电视剧中人气很高的年轻妈妈OOO来代言，三号方案是以符合各个季节的颜色为中心……

罗经理：（悄悄对金经理说）唉，这都是些什么创意啊……家庭主妇外出？为人母亲的有时间外出吗？单是照顾孩子都忙不过来吧？"主妇外出"不有点像某一部三流电影的名称吗？

金经理：（同样悄悄地）我也是这样认为。

发言者：现在三个备选方案大家都已经看到了。我打算稍作修改之后下周呈给董事长过目。希望大家发表高见，畅所欲言。

（与会者默然不语）

金副总：有意见的话就说啊。

与会者：……

金副总：嗯？什么意见都没有吗？罗经理，你也说一两句吧。

罗经理：这个还真是不好说呢……再仔细考虑一下。

金副总：嗯……既然谁都不说话，那我就先来说几句？我觉得一号方案最好，大家觉得呢？"主妇外出"这一主题不是很新颖吗？虽然"外出"这个词给人感觉有歧义，把它换做出门、看世界等等这类词，应该就没问题了……

罗经理：听了总经理的话，看来一号方案确实是三个方案中最好的了。

金副总：哪一点好？说具体点。

罗经理：通常妈妈们都忙着照顾孩子，因而不怎么关心时尚。但假如我的一个单身女性朋友打电话约我外出见面，那一刻我脑海中闪现的第一个的念头就是"穿什么好？"这不是时尚是什么？这种"不愿向单身贵族屈膝"的自尊心能一下子激发起女性的时尚本能。

金经理：不错，二号方案对目前我们公司的情况来说太昂贵了。公司不景气，就没必要一定去请名人代言了。

李经理：我太太看那部电视剧的时候我在一旁看了看……扮演年轻妈妈角色的演员形象并不怎么样。和我们的广告完全没有契合的感觉。二号方案只能浪费钱而已。

与会者：（异口同声地）啊，确实如此啊。就选一号吧。

全体与会人员一致选定一号方案为最佳备选方案。但向董事长报告之后，最终决定选二号方案。只因董事长说了一句"OOO 很漂亮"，于是所有与会者都开始大赞二号方案的优点。一号方案也由于"主妇外出"具有反社会倾向而被否定。

某公司的单小圭经理（一语双关，暗讽对下属颐指气使、对上司奴颜卑膝的胆小鬼上司）也是这样一位欺软怕硬的上司。公司去 KTV 唱歌时，他最爱唱的曲子就是金秀姬的《爱慕》。每当唱到"为何在你面前我变得如此渺小"时，下属们总会忍不住嗤嗤而笑。为什么呢？

（两小时前，会议室）

单小圭经理：你确定没错吧？肯定？

下属：是的，没错。我们的竞争对手 A 公司也准备向这个方向发展。

单小圭经理：好像不是嘛？你仔细调查过吗？

下属：……

单小圭经理：（沉着脸大声地）你怎么办事的！

下属：……

单小圭经理：你到底有没有动脑子？这一件事都办不好。现在也没时间了，整理整理就去向组长汇报吧。

（组长办公室）

单小圭经理：（奴颜卑膝地用有些颤抖的声音说）……我想是不是朝这个方向发展比较好。我们调查到竞争对手们也有类似的想法。

组长：别人做我们也得做吗？我们就没有自己独创的方向吗？

单小圭经理：……

组长：看来你们也花了不少心思，不过仍有不足。回去重新思考一下，再来见我。

（回到会议室）

单小圭经理：你们都给我认真点啊，要不然我的面子往哪儿搁？

下属：……

单小圭经理：好了，一起去喝几杯吧。反正已经汇报过了，应该放松放松嘛。

现在明白为什么当单小圭经理哀伤欲绝地唱到"为何在你面前我变得如此渺小"时下属们要发笑了吗？对待下属呼来喝去，对待上级无比谦恭的领导者在我们周围为数也不少。这种上司下属们是不会信任并追随的。

 04. 推卸决策责任的上司

心理学中"责任分散"概念的提出源于这样一起事件：大街上强盗正在实施抢劫，而旁观的数十人中竟无一人阻拦或者报警。事后采访这些旁观者，原来他们都假定他人已经报警或者正准备报警，自己就没有责任去做这件事了。即由于人多，所以谁都没有感到自己负有责任。

类似的情况在企业中也时有发生。参与决策的人越多，责任越容易分散。怕承担责任的上司会尽可能地推迟决策。若是实在不能拖，便召集大家开会，想要通过会议做决策。虽说众人拾柴火焰高，能降低做决策的风险，但他们更多还是想在以后事情进展不顺利的时候分散责任。

是"快乐与人分享将翻倍，悲伤与人分担只剩一半"这句座右铭在作祟吗？卑怯的上司们连责任都想要与人分担。他们常常把自己的不善决断辩解为"我的性格有些优柔寡断"或"我的性格比较慎重"，但这仍旧是"卑怯者的辩白"。

另外一种逃避责任的方式是故意含糊其辞。他们三言两语间把话题扔到会议桌上，在不做任何说明的情况下就走出会议室。如此，下属们只能面面相觑，竞相猜测领导高深莫测的话语，会议也就演变成一场解除困惑的会议。

 05. 频频改口的上司

喊了三次"狼来了"的牧羊少年最终被狼捉住吃掉了。上司也是一样。一两次的谎话可能还不会产生任何后果，但反复说谎，上司就会失去下属的信任。

上司自己的言行一定要做到前后一致。只有这样，当下属在碰到某个问题时，根据此前上司的处理办法，才能做出抉择。假如上司在不同情况下总是做出不同的反应，那么下属就会无所适从。因为他们无法预测上司会对自己的行动做出怎样的反应。

学者托尼·西蒙斯将上司常使用的辩白分为以下几个类型：**第一种，表示原因是不可抗力造成的，称为"原因申辩"；第二种，提出一个新的冠冕堂皇的理由，将自己此前说过的话的颠覆并合理化，称为"价值申辩"。**他们虽然承认现在自己的行动和过去说过的话不一致，但强调是因为出现了更重要的新情况，所以现在才改了口；**第三种，声称自己的行为是为了避免出现更坏的结果，无可奈何之下做出的选择，称为"比较申辩"。**他们解释说如果按照现在的方式继续下去的话，会出现非常严重的问题。**最后一种称"赎罪申辩"，**申辩人声称出现这种结果并非自己本意，只是上级的命令如此，自己也毫无办法。

HW 公司的**卞白狂组长**（一语双关，暗讽总是找借口，将自己行为合理化的上司）带领的团队去年的组员满意度调查结果显示，许多人都对过重的工作负担感到劳累不堪。为此员工们的不满情绪达到了极点，为此不少人请求调去别的部门，甚至还有人辞职离开。卞白狂组长因此挨了董事长一顿批，于是他在今年初的新年会上对下属员工们承诺："今年会照顾到工作和生活的平衡，适时让大家休假。"可是，都到夏天了，被批准休假的人却一个也没有。为什么呢？

原因申辩型

金助理：组长，我下周想休几天假。

卞白狂组长：金助理，一定要那时候休假吗？虽然我也想放你几天假，但是……你也知道，现在客户的订单都要爆满了呀。你若是去休假，那公司怎么办啊？我们部门就瘫痪了。以后闲下来的时候再去不行吗？

价值申辩型

朴助理：组长，我想计划一下休假时间。您看什么时候比较好呢？

卞白狂组长：休假？哦……休假当然很重要了。我在年初的时候也承诺要适当给你们一些假期的。但是，朴助理，休假重要是重要，不过……比休假更重要的不是通过努力工作挣得工资吗？把工作都完成了再休假才是敬业的表现嘛！事情都堆成山了，还去休假，你能心安吗？全部完成之后再去休假嘛！

比较申辩型

李助理：组长，现在工作虽然有点忙碌，但也没到少一两个人就没法继续的程度，所以我想是不是可以休几天假。

卞白狂组长：什么？你说工作不忙？……你没看到现在大家都忙得

不可开交了吗？好好休息几天自然是好了。但现在放你假的话，客户们会非常不满的。在这种不景气的状态下，放走一个客户会给我们公司造成多大的损失，你不知道吗？放几天假、休息几天是好啊，等到竞争对手把客户都拉过去了，你就可以在家里真的好好休息了……

赎罪申辩型

崔助理： 组长，年初您不是承诺要适当给我们假期吗？

卞白狂组长： 是啊，我是那么说了。你以为我忘了吗？为了这个我还被董事长叫去问话了……但是，不久前我去见董事长说明休假计划的时候，他却大骂了我一顿。说在忙得不可开交的时候还让你们去休假的话，就让我自己一个人看着办处理工作吧。我也想放你们假，但是董事长是那种态度，我不能不顾啊……

 06. 挖好陷阱等人往里跳的上司

卑怯到极点的上司中有一种是故意等着下属犯错。大家也许会想："不会吧？"但实际上偶尔（不，说不定还很多呢）也会碰到这种上司。只不过因为不怎么严重，所以你没感觉到而已。他们就盼着下属在什么地方被绊一腿、跌一跤。有时候还是上司自己设置陷阱等待下属去跳。

比如交待了重要工作却又不告知有助于工作的重要内容，明明可以根据自己以往的经验告知风险因素却闭口不提等等。下属一旦犯了错误，他就大声责备。领导力大师肯·布兰查德在他的《一分钟经理人》中曾这样描述："大多数管理者不告诉下属员工自己的期望是什么，就像是在等着他们犯错似的给他们'当头一棒'。管理者为什么那样呢？因为只有那样才显得自己有能力。"

他们把指出下属的过失当作自己的能力指标，从指责下属的过失中寻找自己作为领导者的存在价值。对这种卑怯的上司，肯·布兰查德在《鲸鱼哲学：积极人际关系的力量》一书中把这种别人工作进展顺利的时候漠不关心，一旦出了错就兴奋不已地大加叱责的上司称为"阴谋算计型上司"。在这种上司手下工作的下属决不会自发地全力以赴、奉献自己的热诚。

勇气是上司的全部责任与义务

在企业管理中，我们时时面临需要勇气的时刻。在决策公司或组织将来的发展方向时需要勇气，提出不合上司心意的意见也需要勇气。亚里士多德说过：勇气是人类的第一美德，其他所有的美德都需要有勇气才能表现出来。

01. 如果是最佳方案，那就果断决定

在不确定性很高的经营环境中，做决策并不是一件容易的事情。就算搜集到的信息足够全，并经过了精确的分析或长久的考虑，在现实中也不可能 100% 确定成功。永远抱着可能失败的风险做决策是领导者的宿命。伟大的领导者就是在到了必须做决策的时刻，不拖延推诿，果敢地做出决策。

由于对自身做出的决策没有信心，卑怯的上司总是尽可能地避免做决策，并总是以"这件事不是我可以决定的"这种方式来逃避。而有

能力的上司在应该做决策的时刻绝不犹疑。他们会以现有信息为基础，反复思考，选择自己认为最佳的方向，果断地做出决策。只有勇敢地承担做决策的责任，才是有能力的上司。

 02. 一味责备不会使下属真心拥戴你

管理学家彼得·德鲁克说："优秀的领导者会适时鼓舞员工的士气。"取得好的成果之后，不吹捧自己的功绩，只说"我们的组员都很棒"这一句话，就能提升下属的士气。相反在事情进展顺利的时候把一切都归功于自己，事情不顺的时候则怪责下属们没有好好辅助自己，这样做是无法激发下属的忠心的。

甚至更进一步，真正优秀的上司要有说"是我的错"这句话的勇气。实质上就是要有把责任揽在自己身上的勇气。那种事情不顺时把原因归结到自己头上、庇护下属的上司，下属就算是出于歉意，也会萌生以后要更加真诚地帮助这位上司的心理。

以美国企业为对象的一次研究显示，把问题归结在自己身上的领导者领导的企业，其股价上升得更多。美国电脑销售公司戴尔的 CEO 凯文·罗林斯就是一例 一次，公司的销售业绩大幅下滑，连原定的基本业绩都没达到，CEO 罗林斯这样说道："我们的产品销售价格政策没有制定好，都是我的错。"这种自我反省最终带动了市场的良好反映。

有勇气的上司们即使失败是由下属员工的失误造成的，也会自己去承担责任。因为他们相信这是上司应该做的事情。对于下属的失误，如果上司本人摆出一副自己毫无责任的模样不理不睬的话，那么他失去的将是下属的忠诚。

03. 勇于直言上级的错误

我们常说"说比做容易"。但其实也有比说话更容易的行动。那就是当领导方向错误的时候，袖手旁观的行动比直陈实情的说话更容易。领导力大师沃伦·本尼斯说过："在领导者犯错的时候，十个人中有七个人都闭口不言。"

当上级犯错时直言其误、予以修正是真正勇敢的行动。但遗憾的是，有这种勇气的上司并不怎么多。因为我们大多数人一直以来受到的教育都是对上级的指示说"我明白了"，而不是说出反对意见。

另外，与其冒着被责骂甚至被贴上"不满主义者"的标签的危险指出领导者的错误，还不如不指出来保全自身好。越是在组织的高层中，这种倾向越严重。最高管理者因此也就无法了解基层情况，从而导致公司陷入危机。

 04. 承认过错与失败，懂得适时进退

承认并接受自己的错误、过失和缺陷同样需要勇气，这种勇气毫不逊色于在上级犯错时直言提点。人人都会犯错，并在犯错过程中不断成长。由普通员工到上司的过程，正是通过不断的犯错成长的过程。然而我们一旦成为领导者，往往会掉入"再也不能犯错或失败了"这种完美主义的陷阱。更有甚者，会认为承认错误的瞬间就会被下属贬为无能或微不足道的人，所以即便知道自己错了，也执拗着不肯承认。但是，承认错误才是真正的勇敢。

领导力专家约翰·麦克斯韦调查了许多成功的 CEO，发现他们都具备在犯错之后坦率承认的共同特点。当下级直言劝诫的时候，气度不够的领导者不愿承认本人的错误或过失，同时会倚仗领导者的权威将之抹杀。这种卑怯的行为是身为一个领导者万万不能做的。

在以权威压迫下级的组织里，谁都不会坦率地说出自己的真实意见。更严重的是，不让下属发出真实的声音的行为不仅会毁了自己，还会毁了组织的将来。

第六章 虚伪 VS 真诚

↓

表里不一的上司造就关系疏远的下属

妻子质问："让我如何相信你？你不止一次向我说谎，上次你连保证书都写过了。"丈夫回答："这次是真的，你就相信我吧。"这是电视剧中夫妻吵架时常常可以听到的经典对答。这一经典剧目在办公室里也经常上演。唯一不同的是下属员工的台词必须处理为旁白。上司说："我以后会做得更好的，所以这次领导力评估拜托你们一定要手下留情啊。你们也了解我的心情吧？"下属的回答一定是："是。（我怎么相信你啊，被你骗也不是一次两次了。你现在不过是后悔了才那么说而已，等评估一过，你就恢复原状了。）"

歌曲"想要亲近却又遥不可及的你"虽然是在隐喻男女关系，但换个角度看，却也恰如其分地表现了职场中上司和下属的关系。虽然为了组织和个人的成功，两者必须结成业务上最亲密的关系，但另一方面，最难处甚至最疏远的也是上司和下属。虽说彼此经常见面，比较容易亲近，但事实并非如此。

⚠ 上司缺乏诚意的行为助长犬儒主义风气

人与人之间的亲密关系是有多重因素决定的，如性格相似、毕业院校相同、兴趣爱好相近，但最终因素还是真诚。双方言行的真诚程度决定了彼此信任关系能否形成。表里不一的上司的行为会让信任无处生根。

虽然知道上司是在帮助我，但如果他只是为了自己的升迁呢？虽然知道上司在倾听我的苦闷、同情我的遭遇，但如果他只是做做表面功夫、到后来连我的烦恼是什么都不会记得呢？虽然知道上司很看重我、赞赏我，但如果他在别的上司和下属们面前说我的坏话呢？上司如若做出这种表里不一的行为，会有下属信任、遵从他们吗？

受下属尊敬的上司和为下属所不耻的上司的最大区别，即有否"传递真心"。不真诚的上司假作真诚的行为是得不到下属的信任和发自内心的尊敬。他们之间的关系不仅会渐渐变得疏远，还会陷入不安和紧张之中。上司的虚伪行为之所以危险的原因也正在于此。

01. 两面三刀的上司

金经理从周一早上开始就一直在厉声斥责朴助理。到了下午，他对朴助理的态度突然软了下来，表情也十分温和。比如突然来到垂头丧气工作着的朴助理身边，意外地谈论天气好坏，还表现出对桌上放着的家人的照片十分感兴趣，种种行径十分可疑。"一定有什么蹊跷！"朴助理的预感果然变为真的了。

下班时间一到，金经理发话了："朴助理，你开车技术不错吧？有件事拜托你。今天晚上我和几位经理有个重要的会餐，席间要喝酒。本来把车停在公司就行了，但不巧明天一大早就有一个会要开，不能把车这么放着就回家。你明白我的苦衷吧？能帮我把车开到我家停好再下班吗？"听了金经理的话，朴助理习惯性地应道："是！"话一出口，他忽然看清了改颜相向、假装亲热的金经理的嘴脸，想到自己已定好的约会，但却无法理直气壮地拒绝，更加对自己的窝囊也恼火起来。

工作以后，很容易发现这种假装为下属好、实际上是为自己的利益打算的上司。表里不一的虚伪上司大体可以分为两个类型：

第一种是完全忠于自己的感情、堂而皇之行事的"纯真"型（不认为自己真的虚伪的人）；第二种是怀着周密计划、意图行事的"巧妙"型。读到这篇文字的上司中说不定有人就认为："我才不虚伪呢。就算有过这种表现，我也是纯真型的。"。但类型的划分似乎没有特别意义。因为不管哪个类型，对下属来说，都会有种"被骗"的感觉，都会满腔愤怒。

上司对下属是否真诚，体现在对待下属的态度上。如果珍惜下属员工的话，即便自己有不顺心的事，也不会把这种不愉快转移到对方身上。相反，如果对下属没有爱惜之心，那么下属员工就会时时成为上司的出气筒。这时我们就会发现上司两副嘴脸背后的实质，开始了解虚伪上司的本色。

奈特公司的**贾慈悲经理**（一语双关，暗讽虚情假意关怀下属的上司）的外号叫"第六感"。新近加入该组的**宋气包助理**（一语双关，意指总是挨上司骂，成为上司出气筒的下属）对同事们给上司起这样一个外号并总对他避之唯恐不及的行为感到不解。虽然加入不久，不大了解贾慈悲经理的为人，但至今为止他眼中的贾慈悲经理简直是一个天使。上周他没能完成周五必须做完的客户公司销售情况分析，正自坐立不安，贾慈悲经理却拍拍他的肩膀，笑着说由于他刚进入公司，还没适应环境，叫他慢慢做不用着急。但是今天，终于还是出事了。

贾慈悲经理：（阴沉着脸）喂，宋助理。客户销售情况到底什么时候交来啊？

宋气包助理：啊？您说让我慢慢做的……

贾慈悲经理：什么？我什么时候说过？

宋气包助理：您上周这么说的啊。

贾慈悲经理：这怎么可能？规定时间是什么时候啊？是上周吧？难道不应该按时完成吗？你以前的公司是这样工作的吗？

宋气包助理：不是的。

贾慈悲经理：那为什么不按时完成？要我是吗？

宋气包助理：没有没有，绝对没有。

贾慈悲经理：那原因到底是什么？什么时候才能交来？

宋气包助理：我会尽快完成交给您的。

贾慈悲经理：不完成别想下班！要是匆匆忙忙赶完，做得一团糟的话，你就等着好看吧！

（过了一会儿，休息室）

罗助理：您别郁闷了。

宋气包助理：没什么，我没事。

朴助理：我们贾经理的"第六感"外号可不是白叫的。平时好像把心都掏给你了，可是一遇上什么不顺心的就拿我们出气。反正就是一个劲儿地骂"该死、祖宗"来撒闷气。他刚被上面的训了一顿，不是因为您负责的工作没做好，只不过您运气不好罢了。

罗助理：您别放在心上。职场生活不就是这个样子的吗？

宋气包助理：嗯，是啊。

 ## 02. 明知故问的上司

有的上司会在难以直接对下属讲明实情或说出真实想法之前，间接或含糊地旁敲侧击，试探下属的心意。自己不亮底牌、却去偷看对方底牌的上司在交代高难度项目之前，为了观察下属的反应，常会将其拉到一边悄悄说："金经理，我们部门里我能放心交代工作的就只有你了。""我听说金经理你越是碰上难事，越是争强好胜，非要排除万难把事情办好……"以此来观察对方的反应。

他们平时不喜欢明确表示自己的想法，总是含糊其辞模棱两可地绕弯子说话，这样才觉得安心。同时他们都有隐晦地向对方暗示自己意图的恶习，有时候还单独向人许下不负责任的空头承诺。下属交来计划书，他们翻也不翻就先问："你认为怎么样？"定会餐或研讨会日程和场所时也是这样。他们一边让下属们选择自己喜欢的地方，一边隐晦地暗示自己的意图，试探下属们的想法。又不是在考试，明明自己心知肚明，明明司马昭之心路人皆知，却来故意试探别人，这会很伤感情。下属们当然会隐隐感到不快，感觉自己被骗了。

上司试探性的言语会让下属不断地分析玩味。他们会纳闷："我们上司为什么问那句话？他是当真的吗？没有别的意图吗？应该有点什么意思啊……"继而而投来疑惑的眼光。这种试探继续下去的话，下属们就不能集中精力工作，每天揣测上司的意图察言观色，发掘传闻的真相，一天天地耗费时间。上司不真诚的言行就这样在下属心中种下了不信任的种子，使得他们对上司的任何一句话都无法从表面意思上去相信。

 ## 03. 错把命令当请托的上司

随着民主式领导和仆人式领导这些新兴理念进入人们的视野，上司们的行为也在发生着变化。过去总是直接命令："就这么做！"现在却委婉地问："这样做怎么样？""请你那样做好吗？"但也有不少上司只是改变了说话方式，其本质却并没有变。口气虽然是询问或请求，但对方如果表示拒绝接受或反对，他们立马翻脸不认人，如果对方表示赞成，他们就得意洋洋地说："大家的意思也是这样啊。"然后按照自己原来的意思行事。最常见的是在会餐和研习班这类活跃组织气氛的活动问题上强加自己的意向。我们来看一个事例：

朴经理：今天我们聚一次餐吧？金助理，现在的年轻人都爱去什么地方呢？弘益大学附近？江南地铁站周边？怎么样，我们也去一次？

金助理：真的吗？

朴经理：是啊，你们定个地方吧。

金助理：我们讨论定了弘大的意大利餐厅，那儿的红酒种类特别多。

朴经理：红酒？那好喝吗？我觉得酒味涩口，不怎么喜欢。还是烧酒最合韩国人的胃口嘛。

金助理：那么就别去远了，就去路对面那家新开的牛肉馆怎么样？听说那儿的肉质不错。好像是黑猪肉还是什么肉。

朴经理：是吗？那么下班后一起去吧。

指示工作的过程也是如此：

朴经理：金助理这周末要和孩子出去玩吗？

金助理：啊，好像是。

朴经理：哦？那真是不好意思了，周末抽一点时间帮我个忙好吗？上头说周一一定要看……

金助理：（嗬，见鬼，早知道我就说要去丈母娘家了）嗯，是什么事啊？

朴经理：噢，你答应帮我了？不会耽误你很长时间的。是这样……那就拜托了。都交给你了。

金助理：好（这还不会耽误我很久？整个周末拼命做也做不完）。

朴经理：（电话铃声）啊，总经理。是的……当然没忘记周末的约会咯。这是和谁吃饭啊，我能忘吗？那么周日见了。嗯，嗯。

 04. 假装关怀备至的上司

虚伪上司的最明显表现是"装"。假装为下属好，假装关照下属，假装为下属费心，假装为下属着想。明明没有保障下属未来的想法或能力，却间接通过言谈或行动显得好像能为其未来负责一样。如果上司心中只有自己，或者没有真心为下属着想的意图，只在表面上装出一副为下属好的模样是绝对得不到下属的信任的。这种上司还会出现"健忘症"。

不久前，跳槽到现在公司的金经理还觉得李组长是一个连员工的家事都关怀备至、不让公事影响员工私事的人。但是现在，他彻底放弃了这种想法。

组长：哦，金经理。今年你三十多了吧，应该结婚了吧？

经理：嗯，结婚了。夫妻俩都在上班。

组长：原来如此。有孩子吗？

经理：有，已经上幼儿园了（组长真是个热心人啊，连我的家庭都这么关心）。

（几周后，会餐时）

组长：金经理，多吃点啊。我看你应该已经结婚了，怎么不生小孩啊？现在的年轻人都不想生孩子，但辛苦只是一时的，快准备生一个吧。

经理：啊？（上次不是和您说过了吗！）我有个女儿啊……

组长：哦？哦，对。是啊……嗯，一周岁的孩子最漂亮了！我的几个孩子都上初中了，没什么意思了。呵呵呵。

经理：（我女儿在上幼儿园啊！）

05. 根据场合变换称谓的上司

日常生活中，对一个人的称谓实际上包含着对这个人的感情。职场中使用的称谓也是如此。亲近而友好的称谓使工作气氛变好，加强相互的纽带感。而上司如果在生气的情况下使用侮辱人格的称谓，则会使下属的心情变坏，无论其给予多好的忠告或建议，下属都无法好好接受。

在公司里，如果上司平时胡乱使用"您、你、喂、嘿"等称谓称呼下属，但在上司的上司出席的会议中却使用"金经理"这种称谓的话，就让人不能不怀疑他的真诚了。下属心中会无法抹去"平时对待我们漫不经心，现在这么叫我，只怕不过是想在上司心中表现得老成有礼吧"这种想法。

证券公司企划组的新员工**孙妮娇**总是无法适应**贾亲近组长**（一语双关，暗讽对下属虚情假意、利用下属的上司）对自己的称谓，感到很苦恼。贾组长每当心情不好时，总是使用敬语制造一种公事化的气氛，装得好像很尊重对方的人格似的。

"如果组长连名带姓地说：'现在就去见见孙妮娇助理吧！'那么就表示有什么不愉快的事情。这时的上策是不管他说什么都回答'是我做错了'，不要顶嘴。但如果是安排什么困难工作，他就会太阳打西边出来似的用稍微亲切一点的温和口气叫：'妮娇啊，你来一下。'一听到这种声音，我习惯性地就是一声长叹。不用说，多半是要拜托我办什么事情了。"

06. 说一套做一套的上司

上司说的话只有以行动来支持，才会显得真诚。如果言行不一致，只会给人虚伪的感觉。假如嘴上总是说对公司、部门来说真正重要的事情比一时的急事要紧，却总是慌慌忙忙地处理那些急事的话，就会变成虚伪上司一族。如果上司强调"不要只做上司交给你的任务，要积极寻找别的事情做"，等你真的去做了别的事情，他却责备你"净干没用的事"，那么他就属于言行不一致的虚伪上司。

评价是组织中最具代表性的言行不一的情况。他们虽然嘴上说，应该根据有效率地工作获得的成果来评价，而不是依据是否留在办公室加夜班、休息日也上班。然而实际上，相比那些早早下班的下属，那些碰巧被上司看到的加夜班、加周末班的下属更能给他们留下深刻印象，更能获得他们的好感，从而获得更好的评价。

 07. 吝啬表扬的上司

表扬是使人高兴、催人奋发的强大力量。但是，并非所有的表扬都是如此。心口不一的"虚伪表扬"则会让人不快。以表扬开头、却以斥责结束的谈话就属于这种类型。"姜助理，上次的事你辛苦了。不过话说回来……但是呢……"在上司想来，虽然很想责备，但出于礼貌，还是觉得先说一两句违心的表扬为好。夸奖之后又附上一些批评，当然会让人感觉虚伪。

宣传组的金副总以他"温和"的语气、以表扬开头的说话方式在公司其他部门员工中人气很高。但在他手下工作的员工们却对时刻紧张不安的部门氛围感到很不满。金副总每次要批评你之前总会先习惯性地说很多表扬人的话。

金副总：朴助理，这次的企划案大体上还写得不错……

朴助理：哦，嗯……

金副总：现在慢慢开始有些经验了吧？

朴助理：您说哪里话呢，我还差得远呢。

金副总：但是好像核心还不是很突出哦。

朴助理：啊？哪个部分？

金副总：哦，我是说结论部分的方案最好再推敲推敲，重点再突出一些为好……

朴助理：是……（回到自己的岗位对同事们说）说我企划案写得好原来只不过是说说而已……还不如干脆就说不满意嘛……

像这样在表扬的同时附加上一个条款的话，原本很好的心情也只能化为乌有。为什么我们的上司们那么吝啬表扬呢？如果下属超出预期地圆满完成了工作，说一句"干得好"明明就可以了，却偏偏一定要附上一个"但是"。如果既有要表扬的事情，也有要责备的事情，那么就先只进行表扬吧。如果真的必须责备的话，那么把不好的话说在前面反而更好些。如果上面的对话像下面这样进行的话，朴助理的心情就会不一样了。

金副总：朴助理，你的企划案的核心写得似乎还不是很明确。

朴助理：啊？哪个部分？

金副总：哦，结论部分最好再推敲推敲，重点再突出一些为好……

朴助理：哦，好的……

金副总：不过朴助理，这次的企划案大体上写得还算不错……现在慢慢开始有经验了吧？

朴助理：您说哪里话呢，我还差得远呢。

虽然是意思相同的表达方式，朴助理恐怕不会觉得自己受到了批评，反而会感觉自己受到了上司认可。那么有什么理由不干劲十足地修改报告呢？

 08：为邀功示好滥搞活动的上司

上司为活跃组织或工作小组的气氛举办的各种活动十有八九也会显得虚伪。

味美公司是有着 40 多年传统的国内首屈一指的食品公司。多年来，它一直遥遥领先于竞争对手。但最近几年，公司的市场占有率渐渐被其他公司侵蚀，出现了各种经营危机的征兆。公司组建了工作组进行自我诊断，发现是战略开发过程中高级经理以上的领导阶层和经理级以下的员工间的对话出现了断层，导致创造性的新战略设想无法被发掘出来。

负责产业及新产品战略开发的战略策划组**沈鲜感**副总决定组织一次野外活动。他认为只有打开战略策划组的约 30 多名员工紧闭的心扉，新战略计划才有可能落实。为此他以"开启"为主题，在雪岳山组织了一次两天一夜的研习会。沈副总为了让下属们畅开心胸，畅谈战略策划组存在的问题或对上级的意见，特地把组员分为两组，上级（高级经理、经理）组和下级组（经理以下）。经过三个小时的激烈讨论，各组开始一起共同分享讨论结果。

果不其然，下级组表达了许多不满。比如"领导者的思想僵化""有的领导者根本没有真才实干""完全不肯接受下级的意见"等等。员工们的声讨一结束，上级组立即开始了反击。沈副总说："领导者的思想僵化固然是一个问题，但如果下属们真的聪明能干的话，不是可以打开领导者的思路吗？"还刨根问底地问谁是没有真才实干的领导者。下级组的员工们顿时觉得自己被人抓住了小辫子。这已经不再是交流彼此想法、消解误会的研习会，而变质成为批评下级懒散、发牢骚的批评会了。第二天研习会结束后，沈副总坐在回程的车上，心想以后决不搞此类活动了。

为了活跃组织气氛，上司们时不时会组织一些旨在让上司和下属自由地敞开心扉交谈的研习活动，而这往往流于形式。虽然说了"如果有不满，有建议，不要有心理负担，尽管说出来，我会听的"之类的话，但若真的听到有人发牢骚，又会嚷嚷："什么呀，这是！以后别拿这个说事！"这也是表里不一的虚伪的示好。

诚以待人，勿计较得失

"上司的假面具"、"有所隐藏的伪善面目"、"卑劣的面目"是导致下属紧闭心扉的罪魁祸首。要想赢得他人的心，没有比真心对待对方更好的方法。为了真心对待下属，必须超越职场中职位尊卑的限制，以更加人性化的姿态去接近他们。

 01. 做一个勇于承担损失的上司

组织内部的上下关系中，上司和下属之间的关系不仅有真诚作支撑，还存在更深层次的交易关系。

上司和下属都奉行交易原则，我付出，就要有回报。如果其中一方认为从对方那里再也得不到想要的东西，交易关系就会至此终止。位高权重的上司们一旦落马，大都会感叹世态的炎凉，人情的冷暖。因此，如果想要赢得人心，即使目前自己会蒙受损失，也要秉持真心待人的态度。

 02. 说一百遍不如行动一次

最后，要铭记：一百句话不如一次的行动更能有效地传达自己的心意。如果只是口头上说"我真的很爱惜你这个人才""下属悲伤我也悲伤""我有为大家牺牲的觉悟"等种种华丽的溢美之词而不付诸行动，下属则会感觉不到你的真诚。

感动公司（一语双关，意指这家公司真诚对待下属，令下属感动）**的任情味副董事长**（一语双关，意指上司富有人情，处处关心下属）负责业务部的工作。一天，任副董事长刚从国外出差回来，疲惫不堪。

按计划，第二天他要在经营会议上汇报出差结果。正当他急匆匆地往家里赶的途中，接到了组长的一通电话。说组内一名员工的父亲刚刚去世。

听了这话，任副董事长非常为难。"这是我负责的业务部的员工的伤心事啊，去还是不去呢？如果去吊唁的话，去殡仪馆要 3 个小时的车程，那么自己连合眼的时间都没有，就要去参加明天的会议了。"稍一迟疑之后，任副董事长马上开车出发。他认为，与其孤零零地送一个花圈过去，还不如直接去安抚他、拥抱他、慰劳他。

 03. 真诚关心下属

上司要想了解下属的困难，就需要与其进行心与心的交流。解决他人的苦衷是从真正理解对方的处境的开始的，不要认为只要工资、升职快就能解决下属的所有问题。在我们的职场文化中，下级的苦衷通常很难为上级所了解。但日本朝日啤酒的前总裁樋口广太郎却能做到了解每一位员工的困难。只要一有空，就抓住员工问："有没有什么棘手的事情？"他把员工比作"热气球"，坚信只要帮他们解决烦恼，员工们就会像丢掉负重的热气球一样飞上天空。

第七章 冷酷 VS 关爱

不近人情的上司没人受得了

冷酷型： Ⅰ唯我独尊型上司　Ⅰ评价随期待值变化的上司

　　　　 Ⅰ人身攻击型上司　Ⅰ咬住一次失误不放的上司

　　　　 Ⅰ罪轻罚重的上司　Ⅰ把训斥当拿手好戏的上司

关爱型： Ⅰ关怀会让差劲的记忆力增强

　　　　 Ⅰ付出信任将换来成倍的回报

　　　　 Ⅰ补短不如扬长

　　"为了养成正直的人格，'表扬'固然重要，但'爱的鞭策'也十分必要。"父母教养子女、老师教导学生都时不时把这句话挂在嘴边。我们通常把前者叫做正反馈，把后者叫做负反馈。好父母和好老师的作用就是适当地调和这两种反馈。

　　这个道理也同样适用于给下属布置工作和帮助下属成长的上司。虽然正反馈是激励下属的重要手段，但同样也要能够适当地运用负反馈。上司的职责之一就是充分了解下属的潜能，最大限度地取长补短，为公司培养优秀人才。有时需要给员工们打气，有时则必须客观正确地指明他们的错处，发挥"打一巴掌给个甜枣"的智慧。如果认为下属"也有优点"就对他们的错误等闲视之，或者以"自由"的口号袖手旁观，这其实不是为下属将来着想的好上司的行为。也就是说，虽然上司应该用深切的情感、温暖的关怀以及适时的表扬来善待下属，但有时也需要使用冷静、透彻而严厉的忠告，发起"爱的鞭策"。

只有巴掌没有甜枣——怀疑的导火索

问题在于"爱"的鞭子有时会演变成"冷酷"的鞭子。上司以"爱的鞭策"名义说的话、做的事，对下属来说可能是冷酷无情的，这是上司们容易犯的错误。其实要客观地区分"爱的鞭策"和"冷酷行为"很困难。虽然有时候上司的举动是源于"爱的鞭策"，但其态度、言语本身可能是不近人情。上司的无情会摧毁下属的自信，使他们对职场生活本身产生重大怀疑，还可能成为摧毁组织健全文化的罪魁祸首。

能够长时间忍受上司无情鞭策的"好"下属并不多见，他们大多会在忍无可忍之后抽身离去。现在也有很多下属因为不堪忍受冷酷的上司而直接递交辞呈的。我们通过员工的抱怨可以看出"冷酷"这种错误的激励方式到底会产生什么样的后果。

"我承认经理身上有许多东西值得我们学习的地方。尽管如此，他做得是不是太过分了？一点儿小错不会把人训得体无完肤，真不知他这样做是不是真心为了下属好。如果是我们做错了，他完全可以心平气和地给我们指出来，告诉我们怎么改进啊。"

"不知道我们总经理白天都在忙些什么，每次都在下班时间快到了的时候说：'你把这个研究一下，明天早上向我汇报。'加夜班和周末班那更是永无休止。他说这一切都是在公司里成长和获得认可必须经历的。如果是偶尔发生万不得已的紧急情况，我们还可以忍受。但明明事情又不急，还不停地提出过分的要求，搞得我们身心俱疲……这都已经是第四年了。"

下属的这些话，会让我们油然而生"这上司真叫人无法忍受"的想法。不过，为了更客观地判断，我们来听一听上司的辩驳。

"手心手背都是肉，哪个不疼呢？你以为我是讨厌谁才那样的吗？我是想一视同仁地让我的下属多积累一些苦难经历。真希望他们不要误会。其实我对待下属严厉是为了帮助他们更好地成长。在公司里吊儿郎当地混日子，就算再过三年五载，他们也不会有什么真正的收获。只有挨过骂、熬过通宵、拼过命，才能真正地成长嘛。将来他们一定会庆幸曾经遇到过我这样一个冷面上司的。"

"现在的年轻人太软弱了，这很成问题。过去的那种饥饿精神、那种拼搏奋斗的热情和韧性完全找不到了。成长过程中的苦难和痛苦难道不是理所应当要承受的吗？连这都无法忍受的话，还怎么能在组织中获得成功呢？"

由此可见上司的这种信念多么根深蒂固。他们执意认为无情的鞭策是为了下属好，丝毫没有反省的意识，还把不能忍受这些的下属统统归为懦弱、没有韧性的人。他们信奉的管教方法就跟书法家韩石峰的母亲为磨砺儿子忍痛将其赶出家门求学一样。然而，事实果真如此吗？

▽! "苦难教育"和"只有苦难的教育"的区别

众所周知，韩石峰为求学而离家，三年后方归。回家后，母亲让他在伸手不见五指的黑暗中写字，自己则在一旁切年糕。石峰因而意识到自己的不足，重新回到山中勤学苦练。其实，天下有哪位母亲不想把孩子留在自己身边呢？可是尽管如此，石峰的母亲仍然噙着泪水无情地把儿子赶出家门。正因如此，韩石峰才得以成为朝鲜朝时期最杰出的书法家。石峰母亲对子女严厉的爱令人肃然起敬。

可是，与韩石峰母亲感人肺腑的行动相比，上司对下属的无情鞭笞就远没达到那样的境界，甚至毫无相似之处。这又是为什么呢？因为这份严厉缺乏爱的基础。上司在"为了下属好"的名义下表现出的种种冷酷行为，在多数情况下并不能超越冷酷本身。意图再好，错误的或过度的鞭策也会成为问题。上司们请一定反省一下自己的领导方式，审视你对下属那份严厉的"爱"是不是早已消失无踪，所剩无几的只不过是习惯性的冷嘲热讽和苛刻举动。康铁人经理的遭遇就是其中的典型代表，我们来听听他的故事。

康铁人经理（一语双关，意指任劳任怨，加班加点工作，像铁人一样工作的下属）毕业于名牌大学英文系、又在国外拿了 MBA，可说是一位非常杰出的人才。他目前在公司核心部门之一的经营改革组担任要职，下个月康经理就在这家公司工作满十年了。可是，他最近却辗转难眠，为辞职一事犹豫不决。原因在于他觉得无论自己如何努力，都无法和两年前上任的新组长共同工作。终于下定决心的那天晚上，康经理和一直交好的人事组同事李经理见了一面，把这段日子以来的苦闷倾诉了出来。

李经理：康经理！怎么连你也要辞职……

康经理：真是抱歉。和我同时进入公司的好同事现在都没剩几个了，你一定很惋惜吧。一想到要离开感情这么深厚的公司，也会很伤心。但我真的再也受不了蔡经理的折磨了。

李经理：我也常听到有关蔡经理的传闻，你的苦衷我能理解。从去年开始，孔助理、闻助理、周助理都因为无法忍受蔡经理的折磨而接连辞职了。

康经理：我们组的五个人中只有我一个人坚持到了现在，日复一日忍受他那些的伤人的话和非人的待遇实在太累了。按理说，我也是公司的老员工，可是我就不明白，他为什么要像对待不学无术之徒那样对我胡言乱语、说侮辱人格的话呢？而且给我布置的工作之多简直累得人掉层皮。前阵子我那上幼儿园的小女儿画了一张全家福，独独把爸爸落下了没画，我看了真是难过。

李经理：听说他不仅让你们平时、周末加班，甚至休假都要看他脸色。唉，像你这么优秀又这么忍气吞声的人都要走，看来实际情况比传闻还要严重啊。

康经理：我原本还以为蔡经理会因此而改变呢，真是痴人说梦！像他这么个折磨人法，就是铁打的也经不起啊。

正如康铁人经理最后说的那句话，一味鞭笞和折磨人，连铁打的人都难以经受。在下属的成长历程中，"苦难教育"和"尖刻的忠告"或许是苦口的良药，但在这个问题上的确需要慎之重之。"只有苦难的教育"和"过份侮辱人格"的言行真的能够发挥其激励的价值吗？会不会得不偿失呢？上司们最好扪心自问一下。

 01. 唯我独尊型上司

"天上天下，唯我独尊。"这句话据说这是释迦牟尼降世行七步后所说的话，意思是宇宙万物中只有我是最尊严的存在，是一种象征人类高贵存在的表述方式。可是如今，这句话便转而用于讽喻那种自负天下没人比自己更强的人。

行为不近人情的上司大多把自己封闭在这种唯我独尊的牢笼之中。细心观察，发现他们大多拥有卓越的实力，性格中的好胜心或成功欲都远胜常人。也正是因此，他们才以出色的工作业绩获得认可，一路过五关斩六将成长为领导者。他们其实就是《商界精英综合症》的作者凯特·鲁德曼和埃迪·厄兰森所说的那种典型的精英领导者，具备足以成为推动组织成功的驱动力的共同特点。但问题是，这种特质同时也隐含着极危险的因素，即他们性格背后所隐藏的冷酷性。

精英领导者的特征

行为特征	对组织的贡献因素	对组织的危险因素
具有支配性的高度自信和责任感	以有决断力、有勇气的领导者形象促使成员行动和前进	以威压态度让下属畏惧自己，不能容纳异议
充满领袖气质和人格魅力，能力卓越	引导组员发挥潜能的能力卓越（主动思考和超额完成指标）	为达目的、或为展现自身魅力而进行幕后操纵
攻击性、竞争性	成就朝着胜利奋进的成员	竞争性强、或处心积虑排除异己，对别人不够信任
强烈的责任意识和高度的成功欲	以结果为导向，激发员工活力，奖励他们挑战不可能实现的目标的行为	忽视达成目标所必须的诸般条件，将冷酷无情执行工作视作当然
大胆、有创造力和革新性的思想家	以独特的创见解决难题，有先见之明	骄傲自满、自作主张、固执己见、不听取他人意见
顽强、执着、斩钉截铁、坚定不移	不理会旁人的评判，满怀确定的信念创出成绩	焦躁地逼迫、催促下属，直到他们筋疲力竭（自己除外）
非常喜欢并渴望新鲜和变化	重视效率，促进变化和迅速发展	过低评价组织的纽带性，把事情搞砸
有先见之明，能很好地把握可能性	明确认识到目前的现实和将来的可能	过于关注遥远的未来，丧失目前或近期的机会
拥有发现漏洞的缜密眼光	提前发现问题，在问题恶化前采取调整、修正、预防等措施	批判性或蔑视的态度，有轻视他人贡献的倾向，导致士气低落

摘自：Alpha Male Syndrome（2006 年，Harvard Business School Press）

他们可能是杰出的战略家或激情洋溢的实践家，但他们有时也会为达目的不择手段。此时的他们可能会踩蹋他人、不考虑下属能力和实际情况而一意孤行，例如以"延伸目标"的名义强求下属解决艰难的课题或任务，规定不切实际的完成期限。如果员工有畏难情绪，他们就批评说："这点事情都做不了？我看你是没有工作热情吧……""就凭这点能力，能做好工作吗？"当他们觉察到对方没有自己专业或能力不及自己，马上就对其"刮目相看"，投以轻蔑的目光。最终会逼得筋疲力竭的下属忍无可忍，辞职离去。

 02. 评价随期待值变化的上司

"期待值违反效果"是指当一个人对对方怀有一定的期待，而对方的言行却没能符合这一期待时，这个人当初的想法就会朝着相反的方向变化。上司对下属的期待随下属行动的不同而变化，主要表现为两种：

第一种，在下属平时工作表现不好，对他没什么期许的情况下，下属偶尔一次好的表现就会在上司心中留下好的印象，从而彻底颠覆以前种种不良表现（这小子表现可嘉呀！应该好好表扬他一下！）。

第二种，如果下属平时工作表现非常好，上司对他的期待值也很高，那么偶尔一次的失误就会被上司贴上"没有能力的标签"（这小子！我那么信任你，连这点事都办不好？）。

我们一起来看这样一个例子：

A 经理：今天真是郁闷。

B 经理：怎么了？

A 经理：前天董事长不是来我们这儿视察吗？组长让我陪同，并向他做简要汇报。我可能当时太紧张，说话有些结结巴巴。董事长倒是没说什么，组长的脸色却很难看。果不其然，今天早上就把我叫去训了一顿。

B 经理：就为这点事情？我那天也在，感觉你表现还不错啊。比平时表现的要好嘛！

A 经理：可是组长却不满意啊，唉。

B 经理：组长有时候就是这样。有些人平时一直表现很好，偶尔一次犯错在他眼中仿佛就该进地狱似的，而有些人总是把事情搞砸，可是只要一次做好了，组长就感觉他做了什么天大的事一样地赞不绝口……

A 经理：你说他那样做像话吗？

B 经理：就是啊。努力工作的人一次失误也不允许犯；表现不好的人一次做好了就被夸上天。以后谁还有兴致努力工作啊？组长的标准还真是奇怪。

A 经理：就是说啊。以后谁要想被组长夸奖，只要平时不努力工作，偶尔做好一次就可以了。这成话吗？

A 经理的组长的回应却是：

"他可是我真心爱惜并且想要好好栽培的人才啊。我对他的期望很高，因此也想相应地强化对他的锻炼。不是有句话说得好吗？连狮子都会把自己的幼崽丢下悬崖，只抚养那些自己爬上来的小狮子。我也是这样。新来的组员一入公司，对那些能力一般的人，我一般不会抱太大的期望，只要不给我添乱就谢天谢地了。但是那些看来很有潜力、值得下工夫栽培的人，我就对他们严格要求，这是我培养人才的方式。像 A

经理这样的人不能一被我训斥就觉得委屈，那都是爱的鞭策……他反而
应该感谢我才对。"

组长的辩解看来也有一定的道理，认为自己是在根据下属的水平
"因材施教"。但这样做真能如他所愿地激发下属的干劲吗？很可惜，
被鼓舞的人只是那些组长不抱特别期许的人，而像 A 经理那样有能力
的下属反而愈发士气低落。在上司"培养人才"的名义下，他们不论
做什么事情都只能得到斥责和批评。组长的那些所谓狮子冷酷地对待自
己的幼崽一说也许是胡说八道，狮子生活的非洲草原上根本没有悬崖，
只有平原。

 03. 人身攻击型上司

另一种冷酷是"人身攻击"，即在下属的心口用匕首扎上一刀，尤
指在人格上刺伤自尊心、造成严重创伤的言行。上司伤害性的言语大致
有以下几种：

- "不要在那儿别出心裁了，拜托把交给你的事情办好行吗？"
- "请问你工作多长时间了啊？就这么老老实实地给我呆着不行吗？"
- "以你的能力能做到这样就够了，别的你不用管了！"

认为为了树立权威，必须让下属尝到"苦头"的上司很可能对下
属进行人身攻击。这种上司在人格上轻视下属，伤害他们的自尊，从而
使他们无法挑战自己的权威。换言之就是把斥责下属和追究责任当作一

练和磨砺。更严重的问题在于他们错误地以为刺伤下属的自尊心是最有效地激发下属斗志的手段。当自己交代的任务下属没处理好时，误以为只要粗暴地恶言相加、表现出不快，下属下一次就会把事情处理好。有时候，他们还在公开场合指责下属的工作成果差、没有能力。他们认为这样就可以培养下属更加努力工作的决心。

"我们组长对其他部门的人亲切、温和，对自己部门的员工却太苛刻。工作上的批评和训斥我们还可以忍受，但他在公开场合连个人私事都要管，真是让人无法接受。在部门里我也算是中层管理者，但他却在我的下属面前训斥我，让我在下属面前抬不起头来，并说是为了我将来的发展好。我不明白他到底为了发展我什么啊？"

公开批评真的会达到上司们所期望的效果吗？受到公开批评和人格侮辱的下属心中会留下很深的创伤，感到深深的挫折感。他和同事们的关系会疏远，团队精神的发挥也必将受影响。

 04. 咬住一次失误不放的上司

在工作过程中，上司无意间的言行给下属造成伤害时，他们一般会反省自身的错，向对方表示歉意，消除误会。但是，有些上司却反其道而行之。他们深知"人身攻击"是刺伤对方自尊心的最好手段，却故意使用。

● "这提案糟透了，拜托你做事用点脑子行不行？"

- "你就这么点水平？别人学习的时候你都在干嘛呢？"

- "这对得起你的薪水吗？你打算什么时候才学会挣饭吃？真让人寒心。"

市场组的**冷匕首经理**（一语双关，暗讽说话冷酷为人苛刻的上司）以语气温柔和缓著称。初次见到冷经理的人都认为他是位慈祥的长者。但冷经理麾下的下属们却都苦不堪言。一次，朴助理犯了一个小错误，并没有给公司造成重大损失，但是冷经理却用各式各样让下属听得耳朵起老茧的独创性表达方式责备朴助理，他那亲切温和的语气说出的攻击性言语让听的人心里愈加难受。

"我先前还以为，即使所有人都犯错，但至少朴助理不会犯。你仔细、认真，怎么会犯这种错误呢？是我看错了你吗？是不是要我从现在开始重新认识你啊？"

难熬的是这种说教并没有随着那天的下班而结束。几天后，在公司的会餐上，朴助理的小小过失又成了冷经理的下酒菜。

"酒醉之余，我问一句啊……那天是怎么回事？你在工作的时候想着别的事情吗？大家都想想，你们觉得那是为了什么？我指的是上次朴助理出错那件事……我以后还能相信朴助理、把工作交给他吗？"

朴助理虽然尴尬，但以为这样几句说完就过去了。但是经理在酒席快要结束时，又发话了："你不爱听刚才我说的话吧？讨厌听的话就给我好好干！哈哈，开个玩笑。"

虽然这种亲切的语气和温和的说法方式很符合冷经理的风格，但他的话字字句句都像一把匕首扎在朴助理心上。虽然朴助理无比淳朴，但这次所受到的侮辱恐怕终身难忘。

我们身边不乏这种责备下属的上司。当然，上司也会辩解说他们是开玩笑的："我是想博大家一笑，拉近彼此关系才说的。"但在下属看来，这绝对笑不出来，也不会因此而对上司产生丝毫亲近感。在故意斥责下属的上司中，有人可能会觉得："只有刺激下属员工的自尊心，他们才会好好听话，遵照我的指示工作。"更可怕的是，抱有这种想法的上司有时自己都无法意识到自己的言行所给下属造成的创伤，他们认为："在工作岗位上，当上司的连那点话都说不得？"

谚语"一句话抵千两债"的反面就是一句话也可能欠下千两债。严厉无情的上司们请记住，自己脱口而出的言语可能会成为扎向下属心口的一柄残忍的匕首。不管是故意也好，无意也罢，偶尔为之也好，习惯为之也罢，受到人身攻击的下属内心会受到强烈打击，对这种不幸福的职场生活厌恶痛绝。

 ## 05. 罪轻罚重的上司

在重视创意和多元化的时代，应该给予下属充分的自由。但这并不意味着放任组织内部秩序的混乱。如果不负责任地放任不管，那么"自由"变质为"无秩序"和"混乱"的危险性就很高。在运作良好的组织中，自由的背后有着严格的规则文化基础。因此在组织管理上，组建有规则的组织也是领导者的又一重要责任。

当下属打破作为组织一员应该遵守的最基本规则肆意行动时，上司应该采取与过失同等程度的惩罚。

如果犯了性骚扰或挪用公款这类罪行，给予严厉惩罚是理所当然的。但问题是，在职场上司当中，很多人为了确立纲纪，有时连十分细小的过失也要严厉惩罚。比如对"早上迟到"、"由于个人私事不能参加集体活动"等。

《史记》中"蹊田夺牛"的故事值得我们引以为戒，原意是指"别人的牛践踏了我的田地，因此我要抢走那头牛"。但实际上却隐含着不能以对方的小过失为由捞取大笔利益，惩罚不能重于罪责的涵义。

06. 把训斥当拿手好戏的上司

人是善于适应环境的动物。在严厉的上司手下工作，时间一久就自然而然地习得了一套逃避办法。最有代表性的就是"装作在听"或者"左耳进右耳出"等等。第一次挨骂时全神贯注，暗自想"要好好努力"，但次次都是挨骂，之后就变得麻木，都表现出一副事不关己的姿态。

演讲公司的营业组长**焦训辟经理**（一语双关，暗讽喜欢训斥下属、骂下属的上司）像往常一样一上班就召开了紧急研讨会议。十多名组员一坐到座位上，焦经理就开始了他惯常的拿手好戏——训人。半个小时过去了，焦经理还在大喊大叫："销售量为什么降低了？""都是因为你们不努力才这样的！""就找不到一个方案吗？"然后他突然对大家的着装发起火来："营业人员的服装怎么穿成这样？连基本要求都达不到！"其实这些话在昨天、前天的会议上也同样"宣布"过。激动的演说演变成一场所谓"骂醒"众人的批斗大会，既听不到组长应该率先提出的增加销售量的对策，也听不到询问组员"意见如何"的问话。组员们都想："又来了！我们只要坚持1个小时就挺过去了。"满脑子"反正又不会有什么对策出来，你适当发发火就完了吧"念头的组员们在焦经理的激情演说中都在做些什么呢？

金助理：我在认真地看带进会议室的笔记本电脑，显出一副认真查阅和思考销售业绩的样子。其实我在看网上的新闻。

李助理：我真后悔没把笔记本带来，但至少把好打发时间的纸笔带来了。我画得很认真，不过其实画的是漫画人物！当然了，间或要向焦经理看上一眼。因为要显得我在边听边做笔记嘛！

崔助理：进入公司已经三个月了，但还没有完全适应经理的开会方式。开会时我一般都发短信，我的手机是最新款的，照片画质也不错，顺便还拍了一张照片给女朋友。

大家对千篇一律的训斥都感到麻木了。所有人都抬头盯着墙上挂着的时钟，希望这种无聊的批评大会快一些结束。

 ## 用爱的关怀代替冷酷的鞭子吧

"假如我不喜欢谁的话，那就说明我应该更深入地去了解他。"这是亚伯拉罕·林肯的话。在组织中，上司也会在不太了解下属的情况下怀着轻率的成见，口不择言，伤害对方。但如果仔细分析这种成见产生的原因，就会发现其可能是由于一两次的事件或经历引起的，也有可能是由于上司根本"不了解下属"产生的。上司必须反问一下自己"我是否了解和我一起工作的下属。"

再坏的人其实也有好的一面。偏见和误会大多源于不了解。如何正确了解对方呢？就是关心和爱。之所以你对对方的话听过就忘，是因为你没有一颗真正的关爱之心。对自己喜欢的人，我们不也会细细观察他的一举手一投足吗？对下属也需要有这种关心，这样才能正确了解对方。

 01. 关怀会让差劲的记忆力增强

只有关心下属，爱才会产生。例如，平时对下属毫不关心的人绝不可能知道下属陷入了怎样的苦闷、想做什么事请。对下属怀着关切之心、试图深入了解下属的心情和努力才可以说是爱的出发点。

Network 公司是一家向企业客户出售 IT 服务的企业。在营业特点上，这个公司的员工分散在几个客户公司上班。在辞职异常频繁的 IT 行业，常务副总级以上的管理者对下属员工的情况不熟悉也是人之常情。不过，也有对下属的名字乃至个人大大小小的事情都记得特别清楚的管理者，那就是**艾夏蜀副总**（一语双关，意指爱护、关心下属的上司）。**吴关心经理**（一语双关，意指关心下属的上司）为了学习他卓越的管理技巧，特地向他请教。

吴经理：艾总，您怎么能够记住那么多员工的名字，还时时记得去关照他们呢？是不是有什么特别的秘诀？

艾副总：嗯……怎么说呢？也没什么特别的呀。可能是我真心关怀每一位员工吧？一想到这是我们公司宝贵的员工，他坐什么车啦、爱吃什么东西啦、家住哪儿啦、高尔夫能打几杆啦……这些琐碎的事情就自然而然地储存在脑子里了。

吴经理觉得话虽然听上去不错，但并没引起什么共鸣，只把这当作工作出色的上级惯常打的官腔罢了。

吴经理：艾总的记忆力真是好。100多名下属的兴趣爱好全都记得这么清楚。

艾副总有些不知所措了。因为他并不单指"记忆力"。

艾副总：吴经理，你记得妻子的生日是哪一天吗？她爱吃的东西是什么？她是喜欢穿裙子呢，还是喜欢穿裤子？这些小事你都记得吧？

吴经理：是啊，当然记得。

艾副总：但是这些事都很琐细啊，你的记忆力真好啊？

吴经理：哎哟，艾总，那是记忆力好才记得的吗？当然是因为爱妻子才记得的呀！

艾副总：不错。真心爱她的话，就算不想记得，也会储存在脑子里。对下属也是一样嘛。如果你有一颗爱下属的真心，那是绝对不会忘记他们的兴趣爱好的！

用爱对待下属的上司能够激发起下属无穷无尽的忠诚。古书有言"吮疽之仁"，是指"吮吸毒疮以治病"，比喻上级对下属极尽爱护。过去鲁国有一个大将叫吴起，总是和身份最低的士卒一起吃饭，外出时不骑马、不乘车，亲自背负粮食，以种种这样的方式与士卒同甘共苦，是一位非常朴素的将军。一次，一名士兵长了毒疮，吴起见状立即为他吮吸脓血。士兵的母亲听说后就痛哭起来，有人觉得奇怪，问她："您的儿子不过是一个士兵，将军却用自己的嘴帮他吸出脓血，您为什么还哭得这么悲伤呢?"那位母亲答道:"不是为这个。过去将军为孩子他爸吮吸毒疮,他因而感激涕零,作战时奋勇当先,最终战死沙场。这次将军又为我儿子吮吸毒疮,那么我儿也不知何时将会死去,所以我才痛哭的啊。"

 02. 付出信任将换来成倍的回报

相爱的恋人不仅能够同甘,而且可以共苦。上司和下属的关系也是如此。与其只在工作时给予关注,还不如平时就怀着一颗和下属一起面对困难、给予安慰的心。

营业组的金助理最近比较烦闷,同事们都成功找到了客户,而自己却没能找到。在上司金主管看来,金助理既有潜力工作又努力,只是暂时没做出成果,但这种状态如果持续下去的话,金助理的自信心将会彻底摧毁。

金主管:金助理,你来一下。不久前我遇见了一位朋友,他对我们公司的产品非常感兴趣。但我最近有点忙,你可不可以替我去一下?

(几天后)

金助理:金主管,前几天您给我介绍的客户决定购买我们公司的产品了。托您的福,合同已经签下来了。谢谢您。

金主管:客气了!我只是介绍你认识而已。你表现得好,他才同意签合同的嘛。

金经理:为了表示感谢,今天晚上我请您吃饭。

金经理： 不用，是你帮我的忙，应该我请客。

工作过程中，由于不出成果而丧失信心的事情经常会发生，如果能遇到金主管这样的上司，那真是幸运。金主管给予的关照，使金助理得到的不仅仅是业绩，更重要的是"自信"。而且金助理也会对在自己困难时期伸出援手的金主管更加信赖。

 03. 补短不如扬长

上司要想摆脱把下属当作工作的手段和工具的心理、真正爱惜下属，就必须扮演好帮助下属成长的角色。这不仅仅是为了下属，对上司自身也有好处。如果下属工作得不好，对负责这项工作的上司来说也是一件非常郁闷的事情。有些上司只会发火，对培养下属并不怎么真正关心。真正懂得培养下属的上司就算工作进展缓慢或进展困难，也会倾注许多心血培养下属。因为下属的成长就是自己的成长和价值。

为了用爱心培养下属，在正确识别各个下属的强弱项、尤其是强项方面要倾注许多时间和精力。一位获得奥斯卡奖的电影导演在接受记者采访时说了下面的话："让演员们发挥卓越演技的秘诀就是了解每个演员的性格，努力理解他们的表演风格，除此之外别无他法。"正确把握每个人的特点并适当地选用就是这么重要。

优秀的上司懂得与其费心弥补下属的短处，还不如发扬下属的长处。努力发挥自己天赋的下属与尽最大限度努力发掘下属天赋的上司是最完美的搭档。当这两者合二为一的时候，不仅下属自身能够成长，上司和下属之间也会形成强烈的信任感。

中层领导力

不久前，曾经营盖洛普公司的马库斯·白金汉在《现在，发现你的优势》一书中，发表了对 64 个国家的 101 家公司工作的 200 万名员工的调查结果。作者指出，大多数人都忽略了理解自己的优势才是成功的秘诀，他强调上司的职责就是让下属更好地发挥长处，而不是力补其短，培养出一个全能选手。以减少弱点为重心的人才管理方式虽然可能培养出平庸的人才，但想要培养出顶尖人才则是很难的。

第八章 整齐划一 vs 兼容并包

追求统一声音的上司抹杀创新思维

整齐划一型： ┃ 禁止出格行为的上司　　┃ 不允许例外的上司

　　　　　　　┃ 走入"少数服从多数"怪圈的独裁上司

　　　　　　　┃ 追求机械性统一的上司

兼容并包型： ┃ 不要以偏概全

　　　　　　　┃ 超越被动的包容，积极一点

　　　　　　　┃ 从迥异的风格中体味别样的乐趣

整齐划一是把各种各样的事物不分大小、长短统统规定为一个标准、划于一条线上。日本的军国主义和希特勒的极权主义价值观把国民的思维方式关进同一个牢笼里，强行要求大众发出相同的声音、做出相同的行动正是一种整齐划一的形式。又如韩国的职场，至今仍在有意无意间追求着清一色的思考和行动方式。

或许是韩国社会的特殊文化作祟，韩国人一旦聚在一起，就会有强烈的注重和谐的传统倾向，排斥出格的行为或不同的声音。在我们追求和谐的时候，似乎还喜欢把"和谐"等同于"统一"。事实上"和谐"和"统一"完全是两个不同的概念，但是，在组织中人们总是错误地将两者合而为一。许多上司都认为只有相似才能更好地实现和谐。但是和谐和统一的共同点充其量不过是"没有吵闹的杂音"这一点而已，两者是完全不同的。

⚠ 包容力——决定上司的首要素质

在我们周围，用"不对"来表示"不同"的情况随处可见。严格地讲，"不对"是"不正确"的意思，适用于"不符合道德、伦理或公义上被推崇、认可的判断标准"的语境；而"不同"的适用语境则与价值判断无关，只能在各人追求不同难以勉强时、或在不伤和气的情形下委婉表达自己所认定的更优选择时使用。

日常生活中，这两个词混用在表达和理解上不会造成太大的问题。但是在组织生活中，就有必要严格定义了。面对个性多样、背景复杂的众多下属，上司在对方的想法与自己相左时，不能总是认为"他不对"，而应该认为"他和我不同"。如果不这样做，你就可能变成一个思维僵化的小气上司。在越来越强调个性的当今社会，上司更加有必要从整齐划一的思考模式中摆脱出来。在全球化日益扩张的 21 世纪韩国职场中，"认同个性"的包容力无比重要，承认多样化的思维和特点有其各自的价值这种心态是优秀领导者的基本素养。

通常，上司为了使自己"心理上安定"，比较喜欢录用或信任与自己脾气相投的人。但如果完全陷入这种安逸感，就算真的可以获得下属的忠心，但也不过是培养出一批照搬自己管理风格的复制型下属罢了。相反，有的企业选择包容这些有着多样化的思维与个性的人才，从而获得了成功。GE 的前任总裁雷金纳德·琼斯就曾为了 GE 的成功果断地脱去了安逸的外衣。出身英国的他一向稳重大气、彬彬有礼，但他却任命了和自己性格完全相反的一个人——略有些粗鲁、争论时毫无顾忌的杰克·韦尔奇接替自己 CEO 的职务。因为他认为，为了谋求 GE 的新变化，迫切需要一个风格迥异的新型管理者。

 ## 01. 禁止出格行为的上司

"大家都安安静静的，怎么就你一个人爱与众不同？"这是在组织中经常听到一句话。其实出格的人也有他们的苦恼。首先是和同事关系疏远。有的人本来想早一个小时上班、晚一个小时下班，也被周围同事无形的眼光逼得放弃。就算你是积极劳动模范、广受上级认可，也很可能受到大家的排挤，因为你一个人的行动会连累别的同事和你一起受累。同事对出格者无形的牵制和猜忌会削减他们比别人更加积极工作的意愿，形成一种所有人都敷衍了事的工作氛围。

上司同样会对出格的下属看不顺眼。一旦自己的团队里有出格的人，他就不得不整天烦恼该如何才能让"他"和其他的"众人"和谐共处。更严重的是，上司本人也可能会陷入一种"自我否定"的心理。对上司来说，他们是凭借自己的性格和品质在组织中获得认可，才升到今天的职位的。如若要他们承认出格者的行为，就相当于要他们承认以后这个组织中被认可的人就是和自己不同的人了。换言之，上司会认为自己现在已经变成了旧时代的人物，已经不适应未来了。正因如此，对那些出格的人，上司坚决持反对态度。

一面高喊着缔造"全球性企业"的响亮口号，一面严厉排挤着和自己不同的员工。上司总是喜欢固执于自己的模式。

Thomas：经理，这样工作是很不合理的。

韩国式经理：哪里不合理？

Thomas：如此这般。

韩国式经理：虽然美国企业可能是你说的那样做的，但这里是韩国，就照我说的做。

Thomas：但是……

韩国式经理：不愿意吗？到了罗马就要遵从罗马的习俗，When you are in Rome, do as the Romans do。懂吧？（啊，今天英语说得还不错）知道用韩国话怎么说吗？——不喜欢寺庙就别当和尚。老老实实按照我说的去办。

不只上司讨厌出格的下属，出格的上司也不易得到下属的好评。

罗经理刚刚结束了国外工作，回到本国总部负责策划组的工作。由于早上开车从江南地区的家中出发到公司所在地的江北上班很不方便，罗经理便决定避开交通高峰，提前到早上七点上班。同时，为了保持外语水平，也为了避开傍晚的交通高峰，他决定下班后留在办公室学习两三个小时再回家。没过不久，罗经理就发觉下属们看自己的眼光和以前有些不同。当他从一起工作的几位组长那里确知策划组的员工的确对自己很有意见后，罗经理在和几位经理同事一起喝酒时开诚布公地询问了原因，原来问题出在自己身上。尽管一开始他告诉过下属不必顾忌自己，只管早早下班、准时上班，但大多数员工都会提早到罗经理上班的时间一脸疲惫地出现在办公室，然后又满腔怨念地坐在桌边直等到罗经理下班。最后，罗经理终于找到了一个避开交通高峰的好方法，他在公司附近的培训中心报了一个早晨班，傍晚又在一家健身中心入了会员。

之后，员工们的脸色果然好了起来。

同事和上司对出格者的不友善的目光会对组织产生负面影响。比如为了开展一项与现有业务不同的开拓性业务，急需打破常规的思维方式，但在这种组织氛围中却无法实现。在强调团队精神和谐的部门或小组里，一个人的出格行为可能会破坏整体的团队协作，出于这种考虑，员工自己也会尽可能地克制。但是，同事的压力和上司的不满在很大程度上会削弱下属积极尝试新事物的意愿。

 ## 02. 不允许例外的上司

现在的"职场风俗画"和过去不同的代表性方面就是"会餐"。在过去，正副经理级领导一般会每月定期、或在特殊时候邀集全体员工去酒馆喝酒，谁也不能缺席。而现在员工的无故缺席通常令他们无法理解。他们认为参加会餐如果没有可以接受的理由，绝对不能允许例外。同时会死死咬住不参加会餐的员工，拉下脸来这样问：

- "什么？家里有事？谁没个家啊？"
- "孩子病了？那你去了就能好了？"
- "我们是一个组的。没点团队精神能一起工作吗？"

越是这样，下属绞尽脑汁制造"可以接受的理由"的水平就会越来越高。这样一来，那些认为会餐理应是"五花肉下烧酒"、"第一轮是义务所在、第二轮责无旁贷、第三轮必不可少"的思想上司就很难包容年轻一代多样的个性了。

打量下属衣着外貌的视线也要稍稍缓和一些。在所谓"统一时代"的七八十年代，白领职工穿着有颜色或有条纹装饰的衬衫算相当出格了，肯定难逃上司苛刻的眼光或斥责。但现在如若还对下属色彩鲜艳的领带或条纹衬衫看不顺眼，你就很可能属于墨守成规的统一型上司了。

不允许例外的上司喜欢顺应自己的指令和掌控的人，容易与有创造力、有热情的人产生隔阂。他们至今抱有所有的人都听从于自己指挥的愚蠢幻想。

03. 走入"少数服从多数"怪圈的独裁上司

"我陷入了统一主义？是你不了解情况。邀集这帮年轻人聚一次餐你知道有多难吗？你有过这种经历吗？没有的话就别乱说话。那个人说要喝烧酒，其他人说要喝洋酒……然后女孩子又要喝红酒……我说那你们就民主表决。他们商量了半天又没个结果。最后我只好说：就定这个了，有异议的举手！这才终于定了下来。"

这是某位上司的感叹。的确，人数众多通常很难统一意见，所以上司们认为按照大多数人的意见决定就是民主。但你必须明白，"多数"这个概念不单包括了赞成的人，还包括中立的人、不敢主动表示反对的人。假如组长问："好久没会餐了，今天大家就聚一次，调节一下气氛如何？周三或者周四一起去喝点烧酒怎么样？"恐怕没有一个人提出异议。虽然大家心里都在想："除了喝酒还是喝酒的无聊会餐哪儿来这么多？"但所有人都只是默然不语。

仅次于"会餐"的令上班族讨厌的事情可能要算"开会"了。开会次数太频繁、进行方式太沉闷是最主要的因素。开会时气氛不热烈的原因大多是由于下属害怕说出和上司观点不一致的话而遭到记恨,"安安静静地坐着起码不会赔本儿"的心理起了很大作用。这样一来,上司就会强制要求下属们发言:"一个一个挨着说。来!从左边开始。"于是毫无效果的会议就从这种所谓的统一主义开始了。

 ## 04. 追求机械性统一的上司

职位升得越高,就越容易有夸大自己经验的倾向。不仅夸大自己刚进公司、或做助理时跟着前辈学习的光辉岁月,还大谈自己升任高级经理后的英雄事迹。即便他会补上一句"我是认可不同想法的",但不久后,谈话就会演变成一场说教:"我在你们这个时候啊,都是这么做的。你们去反省反省自己是不是有什么地方想错了。"他们认为只有自己过去的经历才是绝对真理,先入为主地认为自己的标准才是对的,从而不能接受不同的看法。

统一化的思想不仅体现在看待人的方式上,还体现在工作方式上。许多企业偏好"最佳实务"这一点就是最好的例证。上司坚信自己一直以来积累的业务方式、价值观和好恶倾向是取得当前成功的主因。因此他们在行动上,往往固执于自己的一套模式:

● **业务处理方式的统一**:不准脱离上司的业务模式和风格!

● **思维方式的统一**:处理工作要一样,思维方式也要一样!

● **喜好取向的统一**:连上司的喜好也要追随!

业务处理方式的统一，代表性的情况就是无条件地采用或统一为某著名企业的模式。即便现有模式既适合组织（部门），又运作良好，但因某某领导不知从哪儿听说"别人都在用另一种模式，效果更好"，于是机械地要求采用新模式。

6 Sigma 是生产部门为了从统计上将劣品数目最小化而经常使用的问题解决技法。但如果以 6 Sigma 很成功为由，就将之运用到难以单靠统计数据实施管理的设计部门、研发部门那里，那就会出现问题。在设计部门或研发部门里，无形的知识和创意比数据统计更为重要。如果错误地采用，就会导致该部门的员工填报一些不实的数据，进行一些无意义的、形式化的统计分析。如果将这些时间用于构思设计，或者做研究，无疑更有益于组织的成果产出。以下是发生在某部门的事例：

A 企业为新产品的开发组建了任务小组。四天后即将向管理层汇报成果。可是这时上司突然下了指示："现在有一种撰写任务小组工作报告的新方法，听说其他部门也在按这种方式作报告，效果不错，我们也采用吧。"任务小组的员工们非常为难，纷纷抱怨。但既然上司说高层会喜欢，而且其他部门也在这么做，那也只好按照这种形式做。于是大家整整熬了三天三夜，以另一种形式把同样一份报告内容重写了一遍。

另一种情况是思维方式的统一。在追求整齐划一的上司手下工作的下属，他们的语气、工作风格甚至思维方式都会固定下来，变得和上司一模一样。假使上司觉得只有自己的想法和思考才是正确的，并且强求下属和自己保持观点一致，那么所有下属都会带着和上司一模一样的思想镣铐工作，多样性荡然无存。尽管他们明白创造性的构想和差别化的价值只有在不同观点和思维方式的碰撞中才能够大量涌现，可是一旦处于追求整齐划一的上司领导下，这个目标就变得遥不可及。

 ## 停止异样的眼光，拥抱多样性

未组织形式可以用"多样性"这个词来概括。上司必须担当起使不同性别、人种、国籍人们在同一片蓝天下呼吸、一起和谐相处的责任。尤其是对年轻一代员工的看法要从根本上改变。认为电视要在客厅里看才有味道的年长上司要和在地铁上通过卫星 DMB 手机收看电视节目的年轻人一起工作。自由表达意志、不适应"听命行事"式权威管理的年轻一代占据员工总数一半的那一天已经不很遥远了。

要和边聊 MSN 边听音乐边工作的下属一起工作，要和会餐时不喜欢去烤肉店、喜欢去新式家庭餐馆的下属一起工作。当今时代的变化快得让人恍惚感觉才几年光景江山就易了主，更何况是去理解那些和自己相差十岁以上的年轻人。两代人之间的价值观和文化差异成为组织领导者必须解决的最大课题。

现在有几个组长能够做到和用 MSN 扯着闲话、用赛我网或博客联络朋友的年轻人有共同话题？大家不都是一边感叹"现在的年轻人啊……"一边斜眼打量这群新新人类，一脸的不以为然吗？为了成为真正优秀的领导者，上司必须努力理解他们的"编码"，从改变自己做起。

 ### 01. 不要以偏概全

包容始于开放的视野和见闻。不以自己的价值观评判下属，而以对方的角度去看待他们，这样才能够息息相通。如果沟通时固守着"我们那时候不是这样的""现在的年轻人都如何如何""现在的女人都怎样怎样"、"反正OO国的人全都那样做"这些成见的话，你已经丧失和对方平和沟通的心态了。当然，我们不是要求上司从根本上改变自己的价值观和个性，而是以下属本来的面目去看待他、回应他。真正意义上的包容是"将每一个员工视作独立的人格体，尊重员工多样化的个性和潜能并关怀他们，最大限度地发挥他们的价值"。只有这样，员工才会在公司里感受到自己的存在价值。

 02. 超越被动的包容，积极一点

杂种优势法则不仅适用于生物界，在企业组织中也同样适用。并且，新颖的创意更能在不同思想、不同经历、不同观点的交流中擦出火花，从而促进企业的新变革。思想或背景类似的人过于抱团的结果只会形成排斥多样性的封闭型文化，一不小心就可能堕入集体思考的深渊。就算组织当中人才济济，倘若成员们不能够畅所欲言，就可能罹患感知不到外界变化和刺激的"集体思考麻痹症"。

对于员工的多样性，上司不能采取消极的、防御式的管理，而应该心怀"人的多样性是创造性革新的基础"的信念，并积极地予以运用。如果上司"纯种主义"的倾向过强、或一味偏心和自己志趣相投的人，那么多样性就只能成为妨碍组织实现"大一统"的绊脚石了。

 03. 从迥异的风格中体味别样的乐趣

在每月一次的组长聚会中，研发部的**郝人缘组长**（一语双关，意指和下属关系好，与下属打成一片的上司）只要一 K 歌就唱最新流行歌曲，而且对什么地方新开了一家好吃的餐馆也十分了解。对现在年轻人爱说的"眼湿（眼睛湿润，悲伤之义）"、"妈友儿（妈妈朋友的儿子，指难以触及的优秀人物）"等网络流行语也非常熟悉。组长同事们看了都很奇怪："研发部工作应该很忙啊，你是什么时候把那些东西都弄明白的？"下属员工当然也都很喜欢郝组长。他的秘诀究竟是什么呢？

"我能有什么秘诀啊？平时下属员工说'在这里会餐吧'，我就跟着他们去。时间一长，自然而然就知道现在年轻人都喜欢什么。我的工作不是新产品开发吗？如果不了解新时代年轻人的想法，做出来的产品肯定不会受到年轻人的欢迎。"

人与人之间的兴趣爱好相投是非常困难的一件事，所以组织的领导者不应该强制性地单方面强加自己的爱好。必须努力和下属一起体验他们所喜爱的风格或文化价值观，做到和他们"气味相投"。

第九章 偏心 vs 公平

偏心制造出一个应声虫和众多反对派

偏心型：| 以校别、派别、人脉壮大势力的上司

| 好歹不分的上司　　　　| 任人唯亲的上司

| 迷信"招牌"的上司

| 把工作全部压到一个人身上的上司

公平型：| 不要平均要平等，不要偏心要区别

| 让前锋、后卫和门将各司其职

| 牢记心中的那一杆秤

人人都有好恶之分，这是人之常情。组织中的上司也是人，所以对一起工作的同事和下属会自然而然地生出好恶感。好恶感本身并不是件坏事。如果上司能够从多个角度充分观察下属的能力和资质，然后善意地做出"这个人最适合做这件事"的判断，那么谁都不会提出异议。问题出在有的上司并不是依据客观事实，而是掺杂私人感情地对某位下属怀有好或恶的感觉。更有甚者，有的人就只对某个特定的员工给予工作上的机会或好处，这明显就属于"偏心"了。

没有能力培养人才的上司的最极端的形态就是只偏心于某一个员工，忽略和疏远自己视线范围以外的员工。尽管谁都有自己喜欢的性格，谁都有自己中意的人，但如果上司没来由地偏心于某一人的话，下属们会难以再信任这位上司。而且在上司不公正的领导下，组织内部很可能会出现"得上司宠爱"和"与得宠者对立"的两大群体，从而引发矛盾冲突或权力角逐。

別陶醉于奉承，以实力和成果公平待人

偏心的上司就像电影里的黑社会老大一样，完全保护那些忠于自己的人，对那些背后说他坏话、图谋造反或反抗自己意志的部下则毫不留情地惩戒。这样做的目的是为了杀一儆百，传达出一种"忠心就有回报"的象征性意义。他们对于那些听话的、"站在自己这一边的"下属故意给予好的业绩评定，把有助于升迁的重要工作交给他去做。

相反，对于那些对自己提出反驳意见、或对上司不满的员工，不管他们的工作成果多么出色，偏心的上司总是给予苛刻的评价。问题在于这种"好人（我这一边的）"和"坏人"的划分一旦形成，双方的关系就很难恢复了。上司没有特别的理由就偏心某个下属时，其他下属会有强烈的背叛感，难以再信任这位上司。同时，组织中也会产生靠见风使舵和阿谀逢迎讨上司欢心的、没有真才实干的下属，滋生一种分帮别派的风气。帮派内下属和帮派外的下属之间互相猜忌、嫉妒，矛盾的鸿沟会越来越深。

01. 以校别、派别、人脉壮大势力的上司

物以类聚、人以群分。我们的职场生活中不可否认也存在着无形的纽带和联系。有些上司喜欢自己划定标准、分帮别派、建立"专属联盟"。同校的校友、故乡的朋友、所在的地域都成为划分帮派的的基准。某就业门户网站的问卷调查结果显示，认为在职场中人脉关系很重要的

比例高达94%，而将人脉关系实际运用于工作中的比例也占到了50%。

门第公司（一语双关，暗讽公司中存在的拉帮结派、按资排辈的现象）最近正在积极开拓海外业务。公司一方面准备在相关行业挖掘具有全球视野的有经验人员，另一方面也打算对内部员工进行海外研修培训。员工们为此都把海外研修培训视为很好的一次机会，为了获得这次机会每个人都付诸了很多努力。人事部要求相关部门主管综合考虑英语、第二外语、工作业绩等因素推荐研修对象。

（公司休息室）

甲助理：听说出国研修人员的名单已经公布了，是谁啊？

乙助理：听说是丙经理。

甲助理：什么？丙经理？别说第二外语了，他连英语都不会啊。

乙助理：谁说不是呢。

甲助理：选拔标准不是有英语和第二外语这些条件吗？丙经理也能选上？

乙助理：我们经理本来推荐了别人，但好像蒋副总选中了他。丙经理是他学校里的师弟嘛，平时也常看到他们俩在一起。

甲助理：你肯定很失望，为了这次机会你又是上外语培训班又是熬夜干活的。

乙助理：唉，你就别再说了。

（常务副总办公室）

蒋义气副总（一语双关，暗讽拉帮结派、乱讲哥们义气的上司）：丙经理，恭喜啊。

丙经理：谢谢您，蒋总。

蒋义气副总：什么蒋总，只有我们俩的时候就叫师兄好了。

丙经理：是，师兄。

蒋义气副总：我其他没什么能帮你的，这种时候我觉得多少应该尽一点师兄的情分。再次恭喜你了！出国之前，我再给你开个欢送会什么的，你去通知吧。啊，对了，刚进总务部的新职员好像也是我们的师弟，你去确认一下，记得好好关照他。

丙经理：是，我一定留心。那么等日期定下了我再联络您。

评价和奖励是"关照自己人"最明显的表现。哈佛大学的罗莎贝斯·莫斯·坎特教授曾指出："做成果评价时，大多数上司经常不依据下属的实际业绩，而根据他和自己的亲疏度来决定。如果不按照业绩，而按照校友关系、地缘关系、和本人的亲密程度等个人因素来评价和奖励的话，谁还会努力工作呢？"坎特教授这句话发人深省。

 ## 02. 好歹不分的上司

"偏心"是依据特定标准而定的"好恶之分"，它的另外一种表现形式不是以某个特定标准为依据的"好（喜爱）"，而是"在某种情况下特别给予有形或无形的奖赏或照顾"，此时成果或贡献因素退居次要地位。谚语"哭闹的孩子多得一块糕"，与这种偏心是一脉相承的。我们这里要讨论的就是为了安抚某个愤愤不平的下属而给予某种特殊好处的上司。他们之所以这样做，无非是为了消除组织中的不和谐音符。

要想全面了解和正确评价每个人的贡献度，对上司来说是不容易的。这也正是公正评价和奖励难以实现的重要因素。某些上司常常会犯"耳根子太软"的毛病。一听到有人说"我做这个做得多辛苦啊",他们就忙不迭地降低标准。可是问题在于,上司这种暂时平息不满、维持"和谐"的举动在其他下属看来就会显得很"偏心",从而使他们产生"他在上司面前有过什么好表现吗? 凭什么得到这种优待?"的疑惑。

领导者对发牢骚的人予以更多的关注、花费更多心思是人之常情。但必须明确这种举动在任何时候都只能作为权宜之计,否则将会带来更大的问题——即旁观的"孩子"也会学到这种得到"糖果"的新方法。他们会渐渐明白这样一个事实:做一个强忍悲伤的好孩子是得不到糖果的,只有又哭又闹才有糖果吃。

这种好歹不分的行为在广义上也属于偏心,因为上司的奖赏没有一定的标准,总是随着情况的变化而定。在业绩评定时期经常会出现这种偏心。

刘优柔经理(一语双关,暗讽做事优柔寡断的上司)只要一到考核评估期,偏头痛就会复发。虽然评估本身会让他有一定压力,但他更害怕评估后和员工的面谈。去年,刘优柔经理曾经给营业成绩优秀、客户评价也很高的金助理打了 A,给客户评价极差的**穆无人助理**(一语双关,暗讽做事胡搅蛮缠、目中无人的下属)打了 B,当时就有一段非常难熬的经历:

(去年考核面谈)

穆无人助理:哎哟,经理。我为什么是 B 啊? 我什么事没做好,让您只给金助理打 A 啊? 我哪里不行了? 经理您是讨厌我吗?

刘优柔经理：不不，不是那样的，是因为客户对金助理的评价很高。

穆无人助理：金助理他呀，每天和客户一起喝酒，当然评价高了。您现在是让我也像他那么做吗？

刘优柔经理：不不，我不是那个意思……

穆无人助理：不是那个意思又是什么意思？为什么我只能得 B 啊？

刘优柔经理：公司规定必须有区别地进行评价，这样一来就算业绩相差不大，也会出现得分不同的情况。

穆无人助理：那为什么让我撞上啊。我没法在这份评估上签字。

无法抵御穆助理强烈抗议的刘优柔经理最终给他打了 A，把金助理降为了 B。事后，刘经理请金助理喝酒，向他说明了原委，请求谅解，还承诺第二年一定给他打 A。幸亏金助理很理解上司的苦衷，作出了让步，去年总算风平浪静地过去了。可是一想到"今年该怎么办"，刘经理就开始头痛。终于，他做出了决定："唉，金助理性格温顺，只能让他再退让一次了。要是再和穆助理面谈，不出一个回合我又会血压升高、晕倒在地了。"于是今年他又一次给工作又出色、客户评价又高、但是性格温顺的金助理打了 B。

上司如果持续这样好歹不分的话，员工就会萌生"做多做少结果都一样"的消极意识，不会再有强烈的工作欲望。整整一年都比别人更加努力、更加全力以赴地工作，可是年末的回报却偏偏和那些没有付出的人完全相同，他们的工作欲望不下降才怪了。换句话说，员工对奖励的期待值会显著降低。

为了提升下属的工作热情，上司必须在他们完成目标后给予公正的奖励。假使年终奖不能反映员工实际的贡献度和成果业绩，而是依照亲疏关系把好处都分给某一个人，或者按人头平均分配的话，员工对此前自己的付出就会萌生强烈的挫败感。

不分业绩和能力，统一按部门的人数平均分配奖金，实行所谓的"1/n 制"，亦或事先根据公司政策规定升迁比例，论资排辈等等，都属于这种情况。当然，某些上司会理直气壮地认为，如果不采用这种业绩评定方式，他们就无法好好领导组织。他们对获得升迁的人给予高分，然后对其他人解释说："请理解我，你升职的时候我也会给你打这样的高分的。"然而我们试想一下，假如一个人工作勤奋、业绩优秀，却仅仅因为他没能升职，亦或没有"又哭又闹"地把组织搅得底朝天，就因此而得不到高分的话，换作是你，又会作何感想？就像"劣币逐良币"的格雷欣法则一样，最终工作出色、性格又好的金助理必定会离刘经理而去，只有穆助理这种不劳而获的人还会留在他身边。

03. 任人唯亲的上司

偏心不仅体现在评价和奖励上，安排工作时也会出现偏心的情况。代表性的做法就是"任人唯亲"。这种上司为了便于开展工作，以"步调一致"为由，在重要的职位上安插自己喜欢的人。但是这种任人唯亲的管理方式必将得不偿失，严重的还会摧毁整个企业。

40 年前就销声匿迹的肖克利半导体实验室，可能大多数人还是第一次听说。它是由晶体管发明者、诺贝尔奖获得者威廉·布拉德福·肖克利在 1955 年创办的。身为顶尖学者的肖克利的团队领导能力却很欠缺，在公司运营过程中犯了一个很大的错误。他把自己满意的人单独召集起来，安排他们秘密负责一个项目，而对自己不满的人，则放任不管。最后对肖克利的偏心感到不满的人都纷纷离开了公司。

当时离开肖克利半导体实验室的人当中其实有许多了不起的人才。代表人物有创办了英特尔公司的鲍勃·诺伊斯和高登·摩尔、AMD 创始人杰瑞·桑德斯。这些因为不甘受到不公待遇而离开的人后来都成为了肖克利强有力的竞争对手。最后，由于其实验室已经没有独自经营下去的价值，于 1969 年被其他企业收购，从此完全消失在了人们的视野中。

 ## 04. 迷信"招牌"的上司

所谓上司不是要自己一个人去处理所有工作，而是要带动下属，令他们好好工作、创出成果。让适合的人作适合的工作，会使上司自己的业绩以及组织的成果产出发生变化。我们之所以强调正确选择适合某项工作的下属，原因就在于此。

但要想正确把握一个人的特点决不是一件容易的事。许多上司喜欢以"什么学校毕业的""学分拿了多少""托业/托福成绩怎么样"等等硬性条件来评判一个人。在韩国企业中，迷信毕业院校——即"招牌"的思想倾向也非常严重。虽然招牌也是评判人的重要参考，但将之绝对化、唯一化就容易产生问题。不看实力和实际成果，纯粹以招牌为中心选拔员工和下达指示是让下属感到不公和歧视的根源。

05. 把工作全部压到一个人身上的上司

我们常发现，有些人上司总是把他带在身边、总是把工作交给他负责，在旁观者看来，他们显然是独占了上司的信任和宠爱。

例如，某企业中的 AB 两位经理，在职责分工上，A 经理负责战略策划，B 经理负责收支预算。但在实际安排中，工作的分配却有偏重。制定战略固然是 A 经理的本职工作，但由于他工作太出色，所以常常连收支预算的工作也全揽了下来。因此一到制定并向高层管理者汇报战略计划的时期，A 经理就经常为了这两项重担忙碌到凌晨三点。

这种把工作交给一个人包揽会造成什么后果呢？首先，A 经理会被工作累得精疲力尽，热情削弱。同时，也由于长期负责同种工作，不能实现轮班，他的工作经验也不易拓展。另外，由于 A 经理的上司总是把重要的战略策划工作推给 A 经理，从而间接导致其他人的业务能力没有提升的机会。在培训问题上，这种偏颇和不公也同样可能发生。来看一看下面的事例：

优培公司为了培养员工，不仅在培训预算上大量投入，在基层部门主管的成果评估表上也把"人才培养"列为重要项目。部门主管的成果指标中就有"部门员工中每年必须有10%以上参加过外部专业培训机构的培训"这样一项。经营管理组的**史干活经理**（一语双关，暗讽不注重培养下属，只会一味让下属干活的上司）当然也不例外。可是，**韩真纯助理**自进入公司以来，受过的所谓"培训"除了新员工培训以外就别无他物了。因为史干活经理不派他去。

韩真纯助理：经理，我这次想去参加一下战略策划培训。

史干活经理：战略策划？你学那个干嘛？

韩真纯助理：如果了解战略策划的话，理解问题的广度会增加，对现在的工作会有帮助。

史干活经理：你难道不能先把我让你做的事情做好吗？

韩真纯助理：（嘟囔着说）别人好像都参加过……

史干活经理：韩助理，你一个人跑去培训了，工作怎么办啊？部门的事务能正常运转吗？不让你去参加培训不是难为你，主要是因为除了你之外其他人我都不放心。你要是突然走了，你的活儿谁来做啊？

韩真纯助理：……

（下班后，公司附近的酒吧）

韩真纯助理：我请他批准我去培训，还是说不行。

朴助理：经理是信任你才这样的嘛。

韩真纯助理：你真这么想？他是为了使自己舒服。我工作已经五年了，对他来说，交给我的事情基本上不用他操心。真的为我好的话，就算公司没开展培训也会想法设法办一个让我去参加吧？

由此可见，上司的偏心有可能并不是出于对某个人的厌恶或喜爱。像史干活经理那样为了自己方便向某一两个人不断布置任务的做法，实际上也是一种偏心。员工如若年复一年重复做同样的工作，必然会陷入一种固定模式，极欲摆脱现状，尝试新的挑战。而上司为了自己指导工作的方便无视这种愿望的行为，也是偏心的一种变型。

偏心的上司是下属的温床

上司如果只把自己喜欢的人放在身边，那些和上司合不来的人就会离开，最终上司身边会只剩下和自己臭味相投的下属。这些人决不会说惹上司讨厌的话，必然导致上司只能听到自己爱听的"一切顺利、毫无问题"这种顺耳的话，无法确知事实真相。

极端偏心的上司可能还会遭遇下属的背叛。上司想当然地以为自己身边的下属真心喜欢自己，但其实只是一种错觉。这群人不过是为了讨好卖乖而歪曲事实的乌合之众。一旦出现另一位比现在的上司级别更高、权力更大的人，他们就可能背弃现在的上司。对下属来说，偏心的上司比任何一种上司都容易操纵，因为只需拍马屁就万事大吉了。

相反，要让刚正不阿的上司满意，下属就需要花费更多心血。工作能力自不必说，还要在各个方面都强过其他同事，才有可能获得升迁的机会。而对于偏心的上司，只须巧言令色，就能讨得他的欢心。

 01. 不要平均要平等，不要偏心要区别

俗话说："十人十色。"每个人的长短各不相同，因此对所有人采取一视同仁的态度反而不恰当。《首先，打破规则》的作者马库斯·白金汉指出，许多领导者都抱有"一视同仁就可以避免被指责为偏心"的错误观念。他强调有能力的领导者不能依据均等性，而要依据各人成绩和能力的不同有区别地给予待遇。并告诫那些过于注重平均、对所有人都一视同仁的上司，这样的做法很可能会令努力工作、业绩优秀的杰出人才相对地蒙受损害，最终导致他们失去对组织的忠诚。

当员工感到自己受到了不平等待遇、歧视或被利用时，上司就不用妄想他们会有高昂的工作热情了。对此，半导体制造企业 AMD 公司的创始人杰瑞·桑德斯曾说："企业组织中最具破坏性的就是不公正。如果员工们感到待遇不公，就会滋生不满情绪。为了防止这种危害团队协作、破坏对公司热爱程度的不公正性，管理层不能只是嘴上主张公平，必须在实际行动中时时刻刻落实这种公正性。"如他所言，当领导层或管理者试图在薪酬、福利、升迁以及与上司的矛盾等问题上公平对待员工时，注重平等、公正的氛围才有可能形成。

对接受者来说，以"区别"为基本前提假设的"平等"也有可能被看成是偏心。也就是说，这种有原则依托的平等可能会被误以为偏心而遭到指责。但有时，即使遭到这种批判，领导者也必须坚决贯彻下去。了解美国基因技术制药公司 CEO 莱文斯的经历后，我们就会明白为什么这种坚持如此重要了。

为了开发一种阿瓦斯汀的新药，基因技术公司投入了很多财力，但得到的结果却是一次又一次的失败，股价的下跌也让本来困难的处境更加雪上加霜。公司内外都充斥着"CEO 偏心某某部门，放任他们的失败不管"的批判声。但是，莱文森的意志并没有因此而屈服。2004 年，新药终于成功开发，第二年就为公司增加了十多亿美金的销售额。如果当初莱文森没有顶住压力，是绝不可能取得这样的成果的。

02. 让前锋、后卫和门将各司其职

"如何认可那些不怎么显眼却默默工作的人的功劳。"足球比赛就是其中典型的例子。我们通常只看到前锋眩人眼目的华丽表演，却往往忽视默默守在自己岗位上的后卫和门将。前锋十次射门中如果只射入一球，就会得到无数的欢呼和掌声，后卫和门将即便在十次防守中只有一次失误，也会成为众矢之的。同样，在企业里，默默无闻地履行着自己职责的人对公司来说也非常重要。忘记这个事实的上司们，请不要忽视了你的忘却会对"不显眼而默默无闻的人"造成的巨大伤害。

公平的核心就是"公正性"。公正性指的是"员工自身的努力和公司提供的待遇相比的合理度"。上司必须做到给予和他们的努力、他们的工作成果相当的公正评价，据此提供合理的薪酬，让员工感受到公正。只有这样，才能使员工们产生"我可以得到与成果成正比的公正而合理的薪酬"的期待，激发他们努力创出更高成果的欲望。上司的这种态度不仅是培养下属对组织深厚信任的土壤，还会对组织成果的提高做出贡献。

 03. 牢记心中的那一杆秤

即使是非常杰出且刚正不阿的上司，也经常将自己和下属员工之间的关系比作一比一的关系。但是下属却不会将自己和上司的关系想做一比一，他们总是会比较上司对待别人和对待自己的差别。

问题在于，这杆比较的"秤"存在下属的心中，并且秤砣的重量总是倾斜于对自己有利的方向。上司不是神，不管他如何努力公平地对待员工，都会有些微的差别和不公平的地方。只不过在下属眼中，这种小差异会被放大成极大的差异，这一点上司必须心知肚明。

也许，现实中并不存在令所有人都满意的"公平"。只有全力以赴、无限地趋近于"公平"的目标，才是获得下属的心的正确方法。

第十章 埋头苦干 vs 劳逸结合

工作狂上司身边充满好吃懒做的下属

埋头苦干型：Ⅰ 目标过高降低投入度

Ⅰ 把时间 100％ 投入到公司的人会搞垮公司

劳逸结合型：Ⅰ 工作和生活的平衡有助于提高工作成效

Ⅰ 合理指挥，合理要求成果

上班族也是人，工作和生活的平衡相当重要。就像干了的毛巾再怎么拧也不能挤出水来一样，在一个人身心俱疲的状态下，任何新鲜的创意和工作的欲望都不会产生。只有通过劳逸结合重新"充电"，才会有新创意出现。

我们周围充斥着很多工作狂上司。他们往往以工作或成果为中心对下属进行管理和控制，却并不去试图了解和安抚下属的情感，一味以"公司利益高于一切"为指导思想进行思考和行动。由于只看重业务，所以这种上司在领导团队或组织时经常会提出过高的成果目标，同时又只注重监控结果。

但是，过于细致地管理下属的工作会阻碍他们发挥创造力，剥夺他们的工作热情和主动性。即便如此，许多上司对下属的这种糟糕情绪也常常置若罔闻，他们觉得"我全都安排得好好的，哪儿来的这么多不满?"今年年初，网上就业门户网站 JobLink 对约两千余名上班族进行问卷调查，结果显示上班族压力最大的是"工作负担过重和持续地加班。"

如果过于以工作为中心，下属就有可能在工作和生活之间失去平衡，从而被过重的工作负担搞得身心俱疲，甚至损害健康。那么工作狂上司的行为都有哪些呢？

永无休止的工作是敷衍了事的开始

对下属来说，只有有目标地努力工作，才会体会到工作的乐趣，辛苦的时候想到目标达成的喜悦，也会转而继续努力。可是如果无论如何努力也看不到成果，就会逐渐丧失工作的兴趣。造成这种情况主要有两种原因：**第一种是目标设定过高。**如果交予了下属难以解决的课题，那么从一开始就只能削减他们的挑战欲望，滋生"反正做了也不会成功，就装装样子，敷衍了事吧"的消极想法。

第二种是有永远做不完的工作。试想当一个人正以为"做完这件事就可以喘口气了"的时候，另一项工作任务又接踵而至，他还会有好好工作的欲望吗？不仅如此，过高的目标和过大的工作量还会给他们造成严重的压力，他们会被永无休止的工作拖得筋疲力尽。

01. 目标过高降低投入度

某企业正在召开由 CEO 主持的战略会议，以确立业务目标。CEO的脸色有些阴沉，因为业务负责人预计今年的销售目标最高只能达到100 亿。

业务经理向 CEO 报告说："从现在的市场条件、消费趋势以及公司的生产余力来看，80 亿的销售额是可能的。不过我们会全力以赴，争取达到 100 亿的目标。"CEO 听了这话，内心五味杂陈。

他暗想："至少要定到 130 亿，才能达到 120 亿左右，都不肯去想该怎么努力实现，一点挑战精神都没有！"于是向业务负责人下达了指示："完成 100 亿的业务目标对我们来说比较困难，也会很辛苦。但我们还是把销售目标定为 120 亿，今年好好努力一下。"说完就匆匆结束了会议。

业务负责人的心情个个都十分复杂。大家的脑子里都在想："120亿啊，以我们目前的能力怎么可能达到？没办法，只有压榨下属了……"

在现有市场条件下或以公司内部余力难以达成的挑战性目标，就叫做"延伸目标"。它因 GE 前总裁杰克·韦尔奇的使用而受到广泛关注，许多企业在设定目标的过程中都会用到这一概念。

延伸目标的终极目的在于"以确立高难度目标的方式刺激员工摆脱现有业务常规，创造性地、革新性地工作，创出更高标准的成果。"同时，延伸目标在激励员工的挑战意识、培养他们完成困难目标的成就感方面也有很好的效果。

管理学家盖瑞·莱瑟姆和埃德温·洛克通过调查发现，德国上班族中认为自己的工作富有挑战性的人对工作的满意度更高，个人生活的幸福水平也较高。但正确设定延伸目标似乎不是一件容易的事，因为管理者和员工之间对目标的认识存在着差异，一般管理者倾向于设定比前一年更高的成果目标。

"为了使公司能够在三年后达到预期目标，今年的成果必须如此这般。""去年增长了 10%，今年难道不应该再增长一些吗？至少要增长 20% 嘛。"管理者往往抱有这样的想法，他们想以设定更高目标的方法来激励员工创出成果。可是员工的想法却和管理者不一样。他们会认为："怎么可能每年都增加那么多？""去年多亏经济景气，成果才那么好，今年可不怎么景气。"

上司和下属的这种目标协商的"拔河比赛"甚至可能会持续几个月之久，最终管理者会以命令的形式确立自己期望的目标。但是员工究竟能在多大程度上接受这样的目标，似乎还有待商榷。

延伸目标的另一种功能是摆脱既有模式，促进创意和革新。为了转换思维，必须深入分析当前的业务/经营方式中存在的问题，拟出改善方案。但遗憾的是，在日日夜夜奋力争取完成每月、每季度目标的激烈状态下，员工是没有余裕去关注和投入精力到改善根本问题上的。与其为了长远目标花费大量的时间和资源，还不如在现有的体制下挖空心思，能挤出多少成果就挤多少成果。

这样一来，实际工作中可能会产生"先尽力试试看"式的运作模式。例如可能形成"长远性投资今年姑且适当减少""奋力争取尽快尽可能地扩大生产和销售"的经营模式。另外，认为"固守现有模式即便不能 100% 完成目标，至少也能完成 70%~80%"这种想法也是引发拧毛巾式管理的一个重要原因。他们害怕如果采用了新方法遭到失败，最后的成果可能还不如维持现状的结果，宁愿固守于既有模式。

 02. 把时间 100% 投入到公司的人会搞垮公司

韩国被称为世界上工作时间最长的国家。根据国际劳工组织

（ILO）的调查结果，2006 年韩国劳动者人均一年的工作时间是 2305 小时，这在被调查的 54 个国家中是最长的。实际上，2007 年的问卷调查结果也显示，韩国上班族中 30% 几乎天天加班，18% 一周加 3～4 次班，而且加班时间"平均 2～3 小时"的高达 35%，为数最多，"平均 3～4 小时"的占 33%，回答"4 小时以上"的占 21%。

OECD 32 个成员国中工作时间最多的 10 个国家

排名	国家		年均工作时间
1	韩国		2357
2	希腊		2052
3	捷克		1997
4	匈牙利		1989
5	波兰		1985
6	土耳其		1918
7	墨西哥		1883
8	意大利		1800
9	美国		1797
10	冰岛		1794

冰岛摘自：OECD Factbook 2007

这种现象的罪魁祸首是那些认为久不离座、工作到很晚才是工作出色表现的工作狂上司们。他们迷信比别人晚下班是衡量上班族忠诚度的重要标准。例如，某组长在晚上的会餐中也会抽时间重新回到办公室，周末有事没事也会来一趟公司，看下属有没有在加班开小灶。如果他们看到有人在加班，虽然口头上会说"不要老是留下来加班，上班时间就要好好干"，但转身就对其他人赞叹说"谁谁工作真努力"，久而久之，就使员工们养成上班时间懒懒散散，下班之后才卖力表现的工作方式。

就算下属自己的工作已经全部完成，但只要上司还在工作，自己就没法下班。因为如果比上司早下班，就会被认为是"工作偷懒的下属"。于是他们事事察言观色，小心翼翼地避免被打上"标签"，不论工作量多少下班时间都会延迟。他们原先所奉行的"一定要早早完成工作"的意识也将消失，最终将陷入低效率的泥沼。另外，持续加班必然会导致员工身心俱疲，即使员工第二天准时上班，整个上午也会头脑晕晕沉沉，无法正常开展工作。等到下午精神恢复，也已经无法完成当天的任务。于是又不得不加班到很晚。这种工作模式看似花在公司里的时间很长、做的事情很多，但只不过徒增疲劳而已，很难期望会有高效的工作业绩。

不仅加夜班，有的上司甚至还会加周末班。他们担心周末一休息人就会变懒，所以习惯性地周末也要到公司工作。我们来听一听下属如何评论加周末班的上司吧：

"我们上司每逢周五下午，就要求我们周六九点到公司加班。但实际上他自己直到11点才会来，而且也不是一来就开始工作。他会说午饭时间快到了，先吃完午饭再工作。吃完午饭就是下午，他又说休息一会儿再开始。休息完了就四点了，这时候他才开始说我们开会研究一下要进行的工作。临近傍晚，于是他又说先吃完晚饭再集中精力做事，尽早下班。晚上九点，他会召集大家开总结会议，那时才开始一个劲儿地指责这也不对、那也不对。到了夜里11点，他抛下一句'再修改一下，明天见'就自己下班了。临走不忘附上一句"赶快完成，早点回家。"接下来组员们都不得不熬夜工作到第二天才能完成任务。"

人文关怀唤起奉献精神

其实下属对上司没有什么太大的期望，只不过希望上司能多从下属的角度为他们着想。例如，上班族聚集区的各个午餐馆其实饭菜口味大同小异，但是，各个餐馆招待客人的态度却可能有天壤之别，正是这种细微差异决定了一个餐馆的生意好坏。

同样，上司对下属只要有一点点情感上的、人格上的关照，员工就会感动。例如不管工作多么繁忙，也让他们定期休假，并慷慨地说："OK，上半年大家真是辛苦了。什么都别想，好好去玩一趟再回来上班吧。"这时下属就会非常感动。相反，如果上司话里带刺，嘴上说放假，心里却一万个不愿意，那么下属在休假期间也会坐立不安。

上司要努力把关怀下属的生活放在首要地位。要想充分发挥员工的潜力，对下属情感上的关怀就十分必要。也就是说，上司必须主动关怀下属，使他们在工作和生活之间找到平衡。对下属的真心关怀和照顾是唤起下属奉献精神和投入精神的基石。

拉扎勒斯在奥美环球广告公司工作30余年后当上了CEO。她曾对自己长期在这家公司工作的理由做了如下的解释："20多年前，当我怀第一个孩子的时候，身体非常虚弱，不得不在家中休养一段时间。两周后，我认为不能总是这样在家里呆着，于是又去上班。没想到业务经理把我叫去，对我说：'我真不忍心看你拖着这样的身体乘地铁往返公司。'然后就早晚派专车接送我上下班。从那一刻起，我就成了这间公司的永久员工。"

由此可见，人文关怀可以唤起下属为上司和组织全身心奉献的精神，激发他们的工作热情。

01. 工作和生活的平衡有助于提高工作成效

研究证实：喜怒哀乐这些感性因素对个人的工作成果有着决定性的影响。因此，对于一天之中有一半以上时间在公司打拼的上班族来说，上司必须对他们的个人情感进行关照和管理。如若不然，员工就会失去依托之所，不能对上司吐露内心的痛苦或忧虑，上司和下属的关系也就渐渐疏远，最终变成一种苍白的形式化关系。

尽管如此，许多上司还是常常把工作和生活当作完全不同的两件事。他们认为上班族应该把工作摆在第一位，有的上司甚至自豪地宣称自己连太太生产时也留在公司工作。可是，当一个人苦恼的时候，工作进展的也不会很顺利。此时，如果上司对下属的个人问题漠不关心，一味催促他们干活，下属遭受的则是身体和心灵的双重折磨。那些懂得抚慰下属的痛苦、给予温情关怀的上司，那些让下属调整好心态之后重新投入到工作中来的上司，他们之所以得到下属的尊敬，原因就在于此。

研究结果表明："上班族离婚后工作效率下降一半，而恢复原状则需要花费长达十年的时间。"因此，上司不能再对下属员工的个人苦闷和困难处境一味置之不理了。

当然，为了创出好成果，上司也必须重视工作、督促目标达成。不过请谨记，如果想要持续创出好的业绩，而不是一次两次的短期成果，过于单纯地强调以工作为中心是不可行的。上司必须关怀下属的个人生活，发挥好"平衡工作与生活的领导力"，只有这样才能发现新创意，营造活力四射的组织氛围，而下属则必定会回报以高效率的工作产出。

举个例子，Warehouse 公司在员工因身体不适或患病而必须休假时，不会对员工进行特别调查，并且会正常地给予薪酬。公司传达给员工的要求除了"尽快痊愈、恢复上班"之外再无其他。虽然这种病假政策可能遭到滥用，但 CEO 斯蒂芬·廷代尔相信公司对员工的信任最终会带来高效率的回报，所以一直坚持推行。

被《财富》杂志评选为"员工最乐意入职的企业"之一的西南航空公司在这方面同样做得非常出色。公司的 CEO 科林·巴瑞特一句意味深长话值得我们深思："如果你有 20 秒时间没有想到家人，我们会为你想到。我们会替你考虑到你生病的子女，会记得你的结婚纪念日和生日。"

最后，对下属情感上的关怀还必须特别尽心。近年来，偏重工作和成果的企业风气弥漫，同事之间的竞争也愈演愈烈，因而组织内部的情感生活变得非常贫瘠。但人毕竟不是工作的机器，人会自然而然地寻求同事间亲密的人际关系或工作中的乐趣。在情感贫瘠的文化氛围和乐趣缺失的组织团队中，员工会感到难以适应，最终他们会因此而离职。

为了预防这种情况的出现，西方企业正在推广"快乐管理"，并开展一系列巩固员工间人性化关系的活动。对此，沃顿商学院教授彼得·卡普里强调"同事间的纽带关系"是公司留住优秀人才的重要策略。在以高离职率出名的移动软件界里，英格解决方案公司通过组建高尔夫协会、投资俱乐部、垒球队等多种多样的团体，以强化员工之间的纽带关系，从而使年离职率明显下降7%。

02. 合理指挥，合理要求成果

在从人性化的角度关怀每个下属的同时，也需要在工作层面上花心思关怀下属。如果你抱有"反正我已经下达工作指示，他们无论如何也要完成交给我"这种天下太平的愚蠢想法，那么就很难期待你的下属有高质量的成果产出。这和做农活时不是播下种子就一定有好收成的道理一样。必须通过施肥、除草、杀虫等不断的培育和修整过程，才能让种子好好地生长，结出饱满的果实。

首先要从工作量上进行关怀。 不要满脑子想着布置很多工作，要考虑到目前下属的能力和组织的条件所可能达到的最大程度，布置工作的量要和这个程度相当。**然后再合理地提出工作成效的要求。** 假设下属说："这件事我一个人做太吃力了，请给我多派些人手。"上司们最常犯错的回答就是："先把你要做的好好想一遍。"甚至责备说："你连试都没试，一开口就想跟我要人吗？"这样说也不无道理。如果盲目地对某项工作增派人手，事后却发现该工作并不需要这么多人，而其他需要增加人手的工作却找不到多余的人来做。然而在下属看来，上司的这种话会把他逼入绝境。假使他一个人去尝试完成工作，不外乎出现两种结果：

- 独自完成所有工作时："很有能力嘛？你看，一个人不也能完成吗？以后就让你一个人做！"
- 无法独自处理所有工作时："真没用！连这种事都办不好……"

　　陷入这种苦恼的下属当然无法体会工作的乐趣。因此，如果上司布置的工作量过大，首先必须配备与之相当的人手或给予组织上的协助（这不是说要无条件地尽可能援助，而是说援助的程度至少要使工作能够正常进行），其次合理地评价工作成果，这才是提升下属工作欲望，获得高质量成果的方法。

后记

职场上司们，赶快做出改变吧！

上司们要获得下属尊敬，必须冷静、透彻地反思自己的实力和领导力。只有正确把握"对自己的理解""知道自己在下属眼中的形象"，才可能从根本上改变自己。最重要的是如果你发现必须提高自身实力、必须改变领导方式，就一定要果断地对自己进行改革。那么，作为职场上司的你，应该怎么做呢？

前面的正文里，我们虽然对职场上司必须摒弃的十大恶习进行了讨论，但其中还有一点值得上司们再次反思。这不仅是成为实力与领导力俱优、并且受人尊敬的上司的第一步，也是我们对职场上司们的"谆谆叮嘱"。

改变对下属的看法

首先，作为上司，对下属的基本看法必须端正。不能有"现在我是上司，我只管下命令就行了"或者"上司可以随心所欲地做自己想做

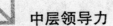

的"诸如此类的错误想法。上司应该带领下属朝着正确的方向迈进，和他们同甘共苦，共同创出成果，同时必须充分发挥自己的领导力，让这一切成为可能。下表是上司所持有的错误意识与正确心态：

	错误认识	正确认识
基本假设	"我已经是各方面都通过了考验的实力完备的人。" "上司有随心所欲行事的特权。"	"上司必须以身作则，使自己有资格坐在上司的位置上，还要更加积极地培养实力、锻炼自我。" "为我工作的人如果不协助我，我就没法做成自己想做的事。"
对权限的认识	"我是上级。"	"如果得不到下属的认可，我随时都可能失去权力。"
对命令的认识	"下属必须无条件服从我。"	"虽然可以强迫别人服从我，但却无法真正唤起他们的奉献精神和投入热情。"

保持与时俱进的学习精神

为了正确确立组织方向、合理下达工作指示，上司必须在业务能力上不断地学习。如果在对客户、对基层、对业务都不很了解的情况下就下达指示，那么组织可能就会朝着意想不到的方向发展，而下属也绝不会接受上司这种外行的指示。比如，一味地要求员工"创造性地思考""拿出有创意的构想"，而自己却不身体力行，那么这种要求就只会增加他们工作上的负担，导致抵触情绪。所以上司要在以身作则的同时鼓励员工进行创造性思考和行动。

默克制药公司的前任 CEO 罗伊·瓦格洛斯对新知识的热情连员工们都交口称赞。为了营造创造性的公司氛围，他自己率先做出榜样。每逢周末都会抽出大部分时间阅读医学相关杂志和书籍，还喜欢和员工们在办公室走廊里讨论读到的书，以此学习医学领域的知识、并通过和员工探讨发现新的创意。事实上，很多产品构想都是通过这种方式诞生的。

微软的比尔·盖茨每年都要放一次叫做"Think Week"的独特假期，并以此而闻名业内。在此期间，员工们只要有新的想法，都可以发给他，盖茨承诺会回复所有的提案，以此激励员工的积极性。可以说，就是这种领导模式让这个庞大公司总能经受住各种各样的挑战。

摆脱"干活——成果"的模式

非常令人遗憾的是，相当一部分上司仍然抱有"干活 + 成果 = 万事大吉"的想法。不仅上班工作，甚至下班也工作。家庭则渐渐退居他们生活的次要地位。某位上司甚至诉苦自己整整十年都没有和家人共度一次假期。真令人怀疑他们是不是故意不去度假。下表是对某外企员工对上司及他自身行为类型的调查：

对上司/下属的行为类型的回答比例（%）

顶头上司平时的行为类型	下属本人平时的行为类型
人际关系指向 24（28）	人际关系指向 33（30）
管理细致指向 19（26）	管理细致指向 21（21）
干活/成果指向 43（39）	干活/成果指向 22（21）
革新/冒险指向 14（7）	革新/冒险指向 24（28）

• N = 843，（ ）内的数字为 102 名外企员工的回答比例

"以结果为导向"是造成这种现象的重要原因。抱有这种思想的上司认为，为了自己的升迁或生存即使不择手段也要逼自己的部门拿出成果来。

LG 经济研究院的问卷调查结果显示，工作狂或成果指向型的上司占总数的 43%，为数最多。造成这种结果的原因有二：**其一，以工作为中心的人容易被选为领导者、获得升迁；其二，成为领导者之后容易变得以工作为中心。**

对上司本人和公司来说，不可否认他们属于非常优秀的一类上司。既能呕心沥血地工作又能交出漂亮成果。可是我们却忽视处于基层的下属，正是有了他们的配合，上司才得以交出完美的成绩。上司如果不对下属给予爱和关怀，而一味追求工作强度和成果，在短期内或许能够取得成果，但长期却会累坏下属，最终，只能导致成果下降。

现在是"创意经济"的时代，而非靠延长劳动时间来榨取成果的时代。我们必须汇集员工创造性的思考和智慧，创造多样性的价值。虽然以工作为中心的领导模式仍有其存在价值，但为了发现新创意，让下属的创造力源源不绝的开放式领导则更为重要。

别再嚷嚷"我是上司"，停止一意孤行

传统的韩国社会是以父子关系为轴心的垂直型文化，这一点区别于西方社会水平型的文化。迄今为止，韩国企业中垂直的、位阶关系仍然占据着支配地位。这样的结构导致大部分的权限都集中到了上司一个人身上。

上司独断专行的情况因此就有愈演愈烈之势，而这对企业来说可能就是致命的伤害。比如在做重大决策时，上司可能会不耐烦听完下属的意见，从而一意孤行地下决定，招致员工的不满。

如今的上司必须时刻保持聆听的心态，认真听取每一位员意见和构想。在僵化的企业氛围中，员工只会消极地听凭上司吩咐，不再自主地发挥创意、积极工作。此时，不管引进多么杰出的人才，都难以创出好的成果。上司们要牢记，组织的创新构想是在多样的意见或构想相互碰撞、融合之后产生的，所以上司必须在与下属虚心交谈方面倾注努力。

与此同时，上司要果敢地"相信并托付"下属，授权他们应有的自由行动权力。为了充分发挥下属的潜能，上司必须信任下属，把工作交托给他们。最近某职业篮球队的教练以其独特的领导风格备受关注。与篮球界"教练的话等于圣旨"这一惯例不同，这支球队中的任何队员都可以针对教练的作战方案提出自己的意见，甚至和教练截然相反的意见也可能被采纳。尽管有些评论讽刺教练缺乏魄力，但现任教练执教后，这支队伍就一直长胜不败。现在，是时候果断摒弃"没我不行""上司扮演的角色是管理/指导者"这类思想了。

为了成为受人尊敬的上司，开始改变吧

想要成为好的领导者，领导者自己必须接受训练。升迁、或者担当重要职务不代表已经成为真正的领导者，也不表示能够真正发挥领导力。上司必须不断学习。如果上司本人没有自发进行改革和学习的意愿，那么即便公司开展了领导力培训项目，也不会对其产生任何作用。无论把多么色香味俱全的年糕摆在饭桌上，要是吃的人不喜欢，不也无济于事吗？所以上司自己必须怀有成为"受下属尊敬的上司"这一目标意识，不断地努力学习。

组织也好、员工也罢，其标准和过去相比都有了显著的提高。这一点职场上司们必须及早醒悟。如果坐上了上司的宝座后就颐指气使，那么当唯唯诺诺的下属泛滥成灾之时，就会意识到自己早已成为旧时代的老古董了。现在的下属有能力辨别谁是"没有真才实干的上司""只为自己捞实惠的上司"或"对下属虚情假意的上司"。如今的上司倘若不随着时代改革创新、使自己具备过硬的领导素质，那么生存下来都会很困难。为了使五年后的生存处境更好，为了使将来的发展更好，上司们必须从现在开始做出改变！

宋博士管理系列

冯仑、牛文文等商界名流郑重向您推荐：
宋新宇——中国最贴心的老板顾问

16 岁北大高考状元　　　　1981 年选送留德，科隆大学经济学博士
罗兰·贝格（中国）创建者　10 年易中创业，服务 50 万中小企业客户
创办《易友》《老板顾问》《老板学》WWW. XUE24. COM 平台

让管理回归简单
——宋新宇博士帮你抓住管理的要害

　　宋新宇博士针对企业中最棘手、最现实的管理问题，从六个方面：即目标、组织、决策、授权、人才、老板自己，为管理者提出简单易行的解决方案。这些方法立竿见影，帮你抓住管理的要害，让管理变得简单。

让经营回归常识
——宋新宇博士帮你抓住经营的要害

　　经营企业就是经营好你的战略、客户、产品、员工、老板（自己）、成长。宋新宇博士告诉你经营的秘诀，帮你迅速抓住经营的要害，把企业做大做强。读完这本书，你将会明白：

为什么最容易做的是第一	比利润更重要的是什么
为什么要裁减客户	如何在一个弱势行业增长
如何做到让客户主动来找你	做老板的不易之处在哪里
如何避免老板常犯的 37 个错误	如何把企业做大
为什么家族企业也可以做大	最好的顾问在哪里

涨价也能卖到翻
——提高客单价的 15 个黄金法则
[日] 村松达夫　著

厂家、商家都在抱怨：毛利太低，卖的再多也不赚钱！

作为日本知名营销专家，作者针对这一困境，告诉你：其实消费者是愿意花钱的，你一定有办法让他高高兴兴地把钱掏出来！

作者在书中，分享了他多年实践总结出的 15 个黄金法则，以帮你提高客单价，即让每个顾客在你的产品上、在你的店里掏出更多的钱，让你的东西涨价也能卖到翻！

卖轮子——选择最佳营销方式
[美] 杰夫·科克斯　霍华德·史蒂文斯　著

这是一本特好玩的营销启蒙书，没有枯燥的概念、没有抽象的案例，有的只是古埃及的一对夫妇和他们的四个销售员一起把石头轮子卖到全国各地并收获大把谢克尔（注：古埃及的钱币）的神奇经历。

你不必期待这本书解决你关于营销的所有疑惑，但你一定能享受一次妙趣横生的阅读之旅，我敢打赌，这一定是第一本你能够一口气读完的营销书！

干好前 3 年：从职场新人到公司核心
——9 大法则让你独当一面
[韩] 申铉满　著

让年轻人少奋斗 10 年、30 岁前独当一面的职场启蒙书！韩国最大猎头公司 CEO 近 10 年经验之谈，50 个真实案例，让你的职场不走弯路。本书讲述了众多职场过来人的真实案例，并以此为鉴帮助职场新人选择职业道路、避免职场误区、快速积累经验、培养核心能力、塑造个人口碑，成为企业最想要的人！本书是每个渴望获得远大前程的职场新人必备的教科书！